Walter Henkels
Der rote Teppich

Walter Henkels

Der rote Teppich

Große Gala in Bonn

ECON Verlag
Düsseldorf · Wien · New York

Fotos: Bundesbildstelle Bonn

CIP-Kurztitelaufnahme der Deutschen Bibliothek

Henkels, Walter:
Der rote Teppich: große Gala in Bonn / Walter Henkels.
Düsseldorf; Wien; New York:
ECON Verlag, 1987.
ISBN 3-430-14317-9

Lektorat: H. Dieter Wirtz
Gesetzt aus der Trump-Mediäval der Fa. Berthold
Satz: Dörlemann-Satz, Lemförde
Papier: Papierfabrik Schleipen GmbH, Bad Dürkheim
Druck und Bindearbeiten: Ebner Ulm
Printed in Germany
ISBN 3-430-14317-9

Inhalt

Statt eines Vorwortes

I.

Wir wissen seit dem Jahre 1986, wer die Restauration des bürgerlichen Zeitalters nach dem Zweiten Weltkrieg in Gang setzte. Damit wir was zum Nachdenken haben, druckte die »Rhöndorfer Ausgabe« der Adenauer-Briefe von 1949 bis 1951 jenen Brief vom 27. August 1949 an den Schneidermeister Eugen Lang in Rath bei Nörvenich/Düren ab: »Sehr geehrter Herr Lang! Ich muß zum 6. September einen Cut angefertigt bekommen. Stoff ist hier. Wann kann ich zum Maßnehmen kommen? Geben Sir mir telefonischen Bescheid. Mit freundlichen Grüßen Ihr Adenauer.«

So hatte man von Anfang an den Eindruck, daß der »Alte« ein Konservativer war. Die Frage lag natürlich nahe, woher er den Stoff hatte; eigentümlicherweise hatte er kaum etwas für ein Kompensations-, also ein Tauschgeschäft, wie es damals noch üblich war: Stoff gegen Kartoffeln, Zigaretten gegen Butter. Mit einem gewissen Argwohn muß man den ersten Nachkriegs-Cutaway also betrachten. Es war ein Wunder: Zu seiner ersten Ernennung und Vereidigung vor dem Bundestag besaß Adenauer einen nagelneuen Cut. Der alte war unter den Bomben umgekommen. Ich sehe ihn heute noch, wie er stolz und kerzengerade den Plenarsaal betrat und beim Präsidenten Erich Köhler die Schwurhand hob: »So wahr mir Gott helfe!«

II.

Daß es etwas mit dem »asketischen Protestantismus« des von 1969 bis 1974 amtierenden Bundespräsidenten Heinemann zu tun hat, kann man unbedenklich sagen – Gustav Heinemann wird als der Mörder des Fracks in die Geschichte der Bundesrepublik eingehen. Wie früher die Puritaner jede Spur von religiösen Zeremonien am Grabe verwarfen – man begrub die Nächststehenden sang- und klanglos –, so hat sich hier, von Heinemann initiiert, ein Prozeß der Entzauberung der gesellschaftlich-diplomatischen Welt vollzogen, der die Festkleidung auf dem hauptstädtischen Parkett betraf. Der Bundespräsident hielt den Frack als Staatskleidung »für das Heil unnütz« und mochte kein »Förderer sentimentaler Illusionen« sein (Max Weber). Mit einem Wort: Am Ende seiner Amtszeit hatte Heinemann den Frack in die Mottenkiste auf Nimmerwiedersehen verbannt.

Das alles schrieb ich in meinem Buch »Keine Angst vor hohen Tieren« im Jahre 1977. Das Buch ist vergriffen, Heinemann 1976 gestorben. »Es tun mir viele Sachen weh, die anderen nur leid tun«, sagte Georg Christoph Lichtenberg. Der Passus über Heinemann als Mörder tut mir mehr als ein Dutzend Jahre später weh. Er ist nämlich falsch. Gemessen an der Schwere des Satzes über Heinemann als Mörder, muß ich im nachhinein dem Professor Rudolf Morsey recht geben, der in einer Fußnote in einem Adenauer-Buch bei meiner Namensnennung geschrieben hatte: »Nicht immer zuverlässig.« Ich war nämlich mit dem Bundespräsidenten Heinemann, den Frack im Koffer, zu Staatsbesuchen in Luxemburg, Venezuela, Kolumbien und Ecuador.

III.

1986 hat mir ein Bonner Journalistenkollege, Geert Müller-Gerbes, der in der Amtszeit Heinemanns als Bundespräsident dessen Pressereferent war, Nachhilfestunden zu dem genannten Thema gegeben. Ich selbst hatte mit Heinemann – entweder war er noch Bundesjustizminister oder schon Bundespräsident – öfters gesprochen. Er kam aus intakten bürgerlichen Verhältnissen, war ganz bürgerlich ausgerichtet, auch was die Mode, die Kleidung, ihren Wechsel und ihre Herrschaft betraf. Das Protokoll des Auswärtigen Dienstes, das ganze diplomatische Brimborium des Traditionellen spricht da eine klare Sprache. Müller-Gerbes sagte mir, Heinemann sei bewußt gewesen, als er am 1. Juli 1969 sein Amt antrat, daß er bestimmte traditionelle Formen vorfinden und übernehmen müsse. Mir, dem Chronisten, der für ein Frankfurter Weltblatt für das Gesellschaftliche und Pluralistische in Bonn zuständig war, hatte er etwas anderes angedeutet – er wolle, so Spötter Heinemann, künftig auf den Einladungen den Satz unterbringen: »Anzug beliebig, aber erwünscht.«

Die Lust an der Kleiderfrage war ihm gründlich verleidet. Heinemann war offenbar von dem Wunsche getrieben, in den Augen des Volkes glaubwürdig zu bleiben. Die seltsame Diktion des Protokolls ließ ihn jedenfalls zögernd klein beigeben; sogar ohne Murren hatte er Cut und Frack übernommen. Jedoch: Heinemann hat neben Frack und Uniform den Smoking erlaubt. Nur unschwer erkennt man, daß er dabei an Helmut Schmidt, den Kanzler, dachte, der in allen wesentlichen Bezügen an seine Vaterstadt Hamburg dachte. Hamburger tragen keine Orden. Vor allem aber dachte Heinemann an die Funktionäre der Gewerkschaften, die ein Problem daraus gemacht hätten – sie hätten sich aufgeputzt vorkommen müssen.

Heinemann war sonst ein »unbequemer Präsident«; es wurde der Titel eines Buches von Joachim Braun. Er hörte auch gerne das Wort »Bürgerpräsident«, was immer das heißen mochte. Der Staat sei ein ungeliebtes Wesen für ihn, sagte er einmal zu Günter Gaus im Fernsehen. Auf Gaus' Frage, ob er den Staat liebe, kam die Antwort, er liebe seine Frau und nicht den Staat. Er verurteile jede Staatsanmaßung.

In Quito, der Hauptstadt von Ecuador, fuhr ich bei Heinemanns Staatsbesuch in seiner Kolonne, er mit dem Präsidenten in der zwar offenen, aber gepanzerten Staatskarosse. Das dichtgedrängte Volk schwenkte Fähnchen und schrie »Viva Alemania!« Heinemann saß stocksteif im Wagen. Als ich ihn nachher diskret fragte, warum er nicht zurückgewinkt habe, stellte er die Frage, ob das Volk nicht zum Jubeln bestellt gewesen sei. Siegfried Lenz sagte bei anderer Gelegenheit über Heinemann: »Oft genug sieht man seinen winkenden Arm mit eingebautem Widerstand.«

»Nichts wäre alberner als der Versuch«, so Karl-Alfred Odin in der FAZ, »Heinemann um jeden Preis etwas anhängen zu wollen. Der Grund für die Vorurteile gegen ihn: Er macht den Menschen ein schlechtes Gewissen.« Der ehemalige Regierungssprecher Felix von Eckardt meinte hingegen in seiner burschikosen Art, Heinemann sei der Erfinder des Sodbrennens.

Als der Hamburger Magazin-Herausgeber bei einem Bundespresseball die steife Frackbrust bei Heinemann bemerkte und sein dadurch erkennbares Unbehagen, machte er dem Präsidenten den Vorschlag eines weichen Frackhemdes. Die Freude und Freiheit des Fabulierens ließ Heinemann zu dem Satz kommen, man werde durch das Steife zu einer guten Haltung gezwungen. Und beim Smoking, fuhr Heinemann fort, schnüre man aus dem gleichen Grund mit einer Schärpe, dem sogenannten Kummerbund, den Bauch.

Müller-Gerbes und Heinemanns persönlicher Referent Sebastian Buhrow bekamen eines Tages von ihm zur Anschaffung eines Dienstfracks einen Scheck über je 1000 DM; aus eigener Tasche Heinemanns, bemerkt der Pressereferent. Und damit es nicht beim etwas verkümmerten Wort Fracksausen blieb, hing am Frack auch sozusagen noch ein Cut.

IV.

Wer über drei Jahrzehnte Bonner »Protokoll« erlebte, den Frack mit dem Smoking als Festkleidung um den halben Erdball im Koffer mitschleppte, zuerst als Leihfrack, später kaufte die Zeitung einen, der ist nicht sicher, ob die mannigfaltigen Gefühle und Anschauungen, die ihn noch nachträglich überkommen, nicht den eigentümlichen Reiz des schönen Scheins der Erinnerung haben. Daß der Frack für Gelegenheitsträger ein schreckliches Möbel schon wegen der Prozedur des An- und Ausziehens ist, braucht nur nebenbei erwähnt zu werden. Ein Frack zwickt und zwackt und erdrückt einen. Aber das Gewand des Fracks verbreitet Festlichkeit und Feierlichkeit. Und aufs entschiedenste und schönste verbreitet es heile Welt.

Aber wie makaber sich das An- und Ausziehen eines Fracks bei Staatsoberhäuptern ausnimmt, darüber könnte sich der Hausintendant der Villa Hammerschmidt, Alfred Mantwitz, auslassen. Er war für das Frackanziehen der Bundespräsidenten Heuss, Lübke, Heinemann und kurze Zeit auch noch für Scheel zuständig. Das war nie langweilig. Das war Abenteuer im weitesten Sinne des Wortes. Heuss ließ gelegentlich das fahren, was Luther einen Furz nannte; Lübke hinterließ eine Sprechblase: »Mineken, komm hilf mal«; Hilda Heinemann sagte: »Gustav, ich bring dir ein paar Sicherheitsnadeln«; und Walter Scheel zitierte den alten Weimarer Geheimbderath aus Frankfurt: »Ja, ja, hm, hm.« Bei Carstens und Weizsäcker wurde es wieder ein Genuß, der heilen Welt der Fräcke zuzuschauen.

Und es war auch ein Genuß – es war Mitte der fünfziger Jahre –, als der deutsche Bundeskanzler Adenauer bei einem Galaempfang am persischen Pfauenthron im Golestan-Palast in Teheran inmitten der höchsten und allerhöchsten Herrschaften parlierte: »Kaiserliche Majestät, wir sind wieder en jutes Stück vorwärtsgekommen«, und der Zeitungsmann, im Frack, der neben der Kaiserin Soraya stand, durfte diese nicht ansprechen, weil man darauf warten mußte – so hatte Frau Pappritz ihnen beigebracht –, von ihr angesprochen zu werden. Ihr Rollenfach als Naive füllte die Kaiserin glänzend aus: Ich konnte einen langen und intensiven Blick tun in das, was die Kölner »et Hätzeküülche«, die Düsseldorfer »et Weihwasserkesselche« und die Freiburger »Studentengässle« nennen, nämlich den Ansatz des Dekolletés. Es wäre ein untröstlicher Gedanke, dies alles ohne Frack absolvieren zu müssen.

Heuss und Kiesinger, die sich keineswegs weigerten, in den Frack hineingezwängt zu werden, mußten den Vorwurf hören, wenn ihn die Protokolleute auch nie aussprachen, eine schlechte Körperhaltung zu haben; man merke deutlich, wie die Herren der Bundeswehr sagten, daß sie nie Soldat gewesen seien.

Ohne Furcht vor dem Neid der Götter standen Heinrich Lübke und Ludwig Erhard im Frack; für Ludwig Erhard schien es kein lebhafteres Vergnügen zu geben, als die Partikelchen seiner Zigarrenasche auf Frackhemd und Weste rieseln zu sehen, um sie dann wegzupusten. Wir müssen sie beide in einem Atemzug nennen: Adenauer sah im Frack wie ein Ausrufezeichen, Heinemann, obgleich er unentwegt Kühle um sich verbreitete, wie ein Semikolon aus. Doch sie hatten »Figur«, obwohl Adenauer nie Soldat gewesen war.

V.

Kleiderordnung muß sein, sagt das Protokoll, wo kämen wir sonst hin. Protokoll muß sein, sagten alle Bonner Protokollchefs. Alter Zopf? Störender Zwang? Traditionelle Höflichkeit? Unzeitgemäßer Klimbim? Max Graf Podewils, mehrere Jahre Protokollchef, dann Botschafter in Kanada und Österreich: »Weder schwinden die Gardebataillone auf osteuropäischen Paraden oder bei Flugplatzbegrüßungen, noch werden bisher die Haushaltsansätze für berittene Kürassiere, Bärenfellmützen oder die Unterhaltung von Repräsentationsschlössern in den Metropolen westlicher Demokratien gestrichen.«

Dem Bundeskanzler Brandt geriet nicht immer die Abwägung, was Frack oder Cutaway, was Frackhose mit Galons oder gestreifte Cuthose für eine Bewandtnis haben. Bei der Regierungsbildung 1972 erschien er zum

Behufe der Ernennung beim Bundespräsidenten und zur Vereidigung im Bundestag mit ausgesprochenem Mut für die Neuschöpfung: Frack, graue, doppelreihige Weste, gestreifte Hose. Er kam wirklich wie Willi Millowitsch in einer Gesellschaftsburleske oder sonst eine Operettenerscheinung; das Hohe Haus, der Bundestag, brüllte vor Vergnügen.

Auch Theodor Heuss, der erste Mann in der ersten Legislatur, sah mit Wohlgefallen Adenauers Cutaway aus der Dürener Gegend. Noch heute kann man in den klassischen Standardbiographien über Heuss lesen, daß er ein Bürgerlicher war. Kurz und gut, sowohl als auch, ohne wenn und aber.

Heinrich Lübke, Bundespräsident von 1959 bis 1969, behielt die Treue zu sich selbst. Sauerland bleibt Sauerland. »De Luie in Westfalen sind anders ase am Rheyn. Westfalen sind all ase steyv bekannt, aawer de gröttesten Dickköppe hiär't Siurland.« Mitnichten war er ein Querkopf, aber er sprach auf diese Sauerland-Weisheit an. Er war und blieb ein Sauerländer. Und er erinnerte sich zu Recht, daß sein Vater kein Schuhmacher, sondern ein Dorfschuster war. Wilhelmine, Mineken genannt, seine Frau, neuneinhalb Jahre älter als er, hatte ihm beim ersten Frackanziehen geholfen und tat es bis zum letzten. Lübke hat die Staatskleidung Frack und Cutaway immer als würdevoll empfunden.

VI.

Der Bundespräsident Walter Scheel war schon als Außenminister ins Staatskleid des Fracks hineingewachsen. Bei ihm war der Frack keine Maskerade. Er brachte es auf diese sibyllinische Formel: »Ich trage den Frack nur, wenn es sein muß, dann werde ich mich aber nicht darüber beklagen.« Was Protokollfragen international zukomme, werde beachtet, mehr nicht, sagte er. Zu großem Schaugepränge kam es dann aber noch einmal, als 1977 das spanische Monarchenpaar Juan Carlos und Sophia zum erstenmal am Rhein war und Gala und Frack erbeten hatte. Scheel bekam darüber keinen Schnupfen. Lothar-Günther Buchheim, der mit dem U-Boot, machte etwas Dickes daraus, ein Fotobuch – »Staatsgala« –, und empfahl, die begleitenden Texte als »narrativ«, die Fotos als »stupefierend« anzusehen. Hotte Ehmke kam im Smoking in die Redoute, Helmut Schmidt im Smoking zum Essen ins Schloß Gymnich, Nowottny im geliehenen Frack, Augstein im Smoking. Die Smokingträger wurden von einem Hamburger Blatt gerüffelt, weil man so emsig Amerikas demokratische Gebräuche kopiere; man habe den Horror Washingtons vor der weißen Frackschleife übernommen.

Walter Scheel flüchtete in die Ironie: »Ist was?«

VII.

Dann, nach der fünfjährigen Präsidentschaft von Walter Scheel, kam ein neuer Bundespräsident, ein Erzkonservativer, der Professor Karl Carstens, in die Villa Hammerschmidt, ein Wandersmann, der mit seiner Frau die Republik von Schleswig-Holstein bis zu den Alpen durchwanderte und demgemäß von den Wander- und Gebirgsvereinen gelobt wurde. Er stand auf einem äußerst herzlichen Fuß mit den deutschen Poeten, denn er gab als Präsident ein Buch heraus über Gedichte, die ihm am liebsten waren. Er wollte sein Amt auch poetisch verklären; die Kundigen schmunzelten. Er war ein Mann mit festen Grundsätzen, ein namhafter Staatsrechtler und im Volke beliebt, aber gewisse »politische Feuilletonöre« (Kurt Schumacher), die ihn beruflich zu besingen hatten, gerieten in Not, Richtiges zu formulieren. Er dachte sich – und er tat gut daran – überhaupt nichts bei der Kleiderfrage. Bei Frack, Cut, Smoking war er schwindelfrei.

Der Irrtum war schnell korrigiert, daß ein Erzkonservativer einem aufgeklärten Liberal-Konservativen ähnlich sein müsse.

Carstens Nachfolger wurde Richard Freiherr von Weizsäcker, der mit seiner ersten Präsidentenrede sofort Macht über die ganze Nation gewann. Es war noch kein Jahr vergangen, da tuschelten schon hohe CDU-Funktionäre: Wir müssen aufpassen, daß uns die Linke den nicht stiehlt. Die nimmermüden Parteistrategen hatten erkannt, was mit ihm passieren konnte, ja, sogar schon passiert schien. Der sprach in einem ganz anderen Kontext, als das alle anderen Vorgänger vermochten. Eine gewisse Erlesenheit der Physiognomie Weizsäckers war erkennbar; er brannte darauf, die deutschen Verhängnisse klarzumachen. Nie mehr sollte am deutschen Wesen die Welt genesen.

VIII.

104 »Staatsbesuche«, 70 »Arbeitsbesuche« und 86 »Inoffizielle Besuche von Staatsoberhäuptern«, ferner mehrere Truppenbesuche der Staatspräsidenten de Gaulle

und Mitterrand, der britischen Königin Elizabeth, des belgischen Königs Baudouin, der niederländischen Königin Beatrix, ein Besuch der Olympischen Spiele, fünf »Offizielle Besuche« von Staatszelebritäten und drei »Besuche« beim Bundespräsidenten, was immer das sein mochte, sind bis Anfang 1987 über den roten Teppich, eine Kokosmatte von dreißig Metern Länge und zwei Metern Breite, anmarschiert. Sie zeigt deutlich, was sie ist: Meterware. Die Kokosmatte ist eine Art Terra incognita, so glatt und übersichtlich sie auch scheint für den, der sie betritt. Aber waren nicht die schöne Königin Sirikit von Thailand 1966 und die britische Premierministerin Maggie Thatcher beim Weltwirtschaftsgipfel 1985 mit ihren Absätzen in den Noppen des roten Teppichs hängengeblieben? Es gab zwar keine Stürze, denn Sirikit wurde vom Protokollchef Sigismund von Braun, Maggie vom amerikanischen Präsidenten Ronald Reagan aufgefangen, Maggie mit den verbürgten Worten Reagens: »Watch it, Maggie!« Alle Protokollchefs des Auswärtigen Amtes (einschließlich der Hamburger Firma Apfelstedt & Hornung, die das Ganze seit 140 Jahren, also schon weit vor Kaiser Wilhelms Zeiten, zu etablieren hat, so alt ist sie nämlich) sagten: Bei uns ist noch niemand gestürzt! Selbst Staatslenker Helmut Kohl, der schwarze Riese aus dem Kanzleramt (1,93 Meter), ließ noch kein Problem auf dem Kokosteppich erkennen. Der Gang der Weltgeschichte ist bei ihm kerzengerade, Schrittlänge 1,10 Meter – na bitte, wer sagt's denn.

Beim ersten großen Staatsbesuch – Kaiser Haile Selassie kam 1954 noch auf dem Bonner Bahnhöfchen (der sich erst 1971 Hauptbahnhof nennen durfte) an – wurde praktisch über die Rangfolge in der Staatsspitze entschieden. Wer ist nach dem ersten Mann im Staate, nämlich dem Bundespräsidenten, der zweite Mann? Bundeskanzler Adenauer hatte sich auf dem Bahnhof unmittelbar neben Bundespräsident Heuss gestellt. Bundestagsvizepräsident Carlo Schmid, der für den verstorbenen Hermann Ehlers den Bundestag vertrat, versuchte Adenauer mit diesem Satz fortzudrängen: »Herr Bundeskanzler, da gehören Sie nicht hin. Auf dem Platz stand bei uns in der Schwadron immer der Paukenschimmel.« Ohne ein Wort zu sagen, blieb Adenauer stehen. Die Rangfolge in der Staatshierarchie war seitdem praktisch entschieden.

Die Diplomaten

153 Botschafter sind in Bonn akkreditiert

Das Bonner Diplomatische Korps – was ist das? Man kann der Ordnung trauen, die im »Gemeinsamen Ministerialblatt« vom 18. April 1975, Nr. 13, festgehalten ist, mit jenem Sinn für Akkuratesse, Zeichen und Wirkungen. Der Bundesminister des Inneren ordnet hier aufgrund des Wiener Übereinkommens von 1961 allgemeine Rechtsgrundlagen für »Diplomaten und andere bevorrechtigte Personen« an, soweit sie die öffentliche Sicherheit betreffen – so sind fünfzehn Kräder als Eskorte einem Staatsoberhaupt bei Staatsbesuchen zugebilligt. Außer dem roten Diplomatenpaß gibt es blaue, grüne, gelbe, rosa und dunkelrote Ausweise für Gehilfen und Angehörige, deren Status diplomatenähnlich ist und die berechtigt sind, bestimmte Privilegien und Leistungen in Anspruch zu nehmen.

29 der 153 Botschafter sind beim Bundespräsidenten akkreditiert, haben aber ihren Sitz in benachbarten Ländern.

Unter »Andere Vertretungen« steht am Schluß des diplomatischen Verzeichnisses »Deutsche Demokratische Republik«; es bleibt nicht aus, daß die Qualität dieser »anderen Vertretung« mit einigen Gebrechen behaftet sein muß. Sie führen laut »Gemeinsamem Ministerialblatt« Dienst- und Privatfahrzeuge mit der diplomatischen Nummernreihe 0160, aber kein Zusatzschild »CD«. Die DDR sei, wie Bundeskanzler Kiesinger es einmal ausdrückte, staatsrechtlich ein »Phänomen«.

Es ist Egon Bahrs Handschrift: Diese Diplomaten sind keine Diplomaten. Von den 27 DDR-Diplomaten wohnen (mit ihren Familien) neunzehn in Bad Godesberg, Teutonenstraße 15–32, sieben in Bad Godesberg, Burgstraße 128–138. Der Mann mit dem persönlichen Titel »Botschafter«, Ewald Moldt, hat zu seinem Kummer noch nie das Auswärtige Amt betreten können. Seine Anlaufstelle ist das Bundeskanzleramt.

Die vordergründige Szenerie des Bonner Diplomatischen Korps wird bestimmt von den Bedürfnissen dieser Diplomaten. Rund neuntausend Menschen bedeuten in einer Stadt, die mit kaum dreihunderttausend Einwohnern eine Großstadt geringeren Zuschnitts ist, nicht viel. Es fehlt nicht an optischen Phantasien, sie mit einem »Einerseits« und einem »Andererseits« zu versehen. Mit dem Erscheinungsbild der Natur rundum, der Rhein als Zierstück, hat sie eine schöne Dreingabe. Bonn kennt inzwischen nur zwei Industrien, das sind Politik und Diplomatie. Aber dazwischen gibt es kaum eine Trennwand. Als Adenauer Bonn zur Bundeshauptstadt machen ließ, sagen die Ironiker, wußte er schon von der Tragweite des häßlichen Klimas in diesem Talkessel. Mit Politikern und Diplomaten würde der Hartgesottene hier am besten fertig. Die Kommunikation über den Tisch beim Dinner und bei Partys übers Sektglas hinweg setzt sich am nächsten Tag bereits als Meinung in diplomatischen Berichten fest. Diese Diplomatengesellschaft weiß von der Dame, die manchmal in Delphi, manchmal in Allensbach sitzt, wie der nächste Bundespräsident, der nächste Bundeskanzler und der nächste Außenminister heißen werden.

Das Diplomatische Korps mit den Verführungskünsten seiner Empfänge, Partys und Staatsvisiten – da wandert die Kamera ungehindert umher; einst die Herren Nowottny, Reiche und Trampe, jetzt Lueg, Piltz, Ute Pauling, Hopen, Hauser und Buhl zieren das mit schönen Sprüchen, und diese Empfänge sind geradezu vorgeformtes Material für jene komplexe Erscheinung »CD« (Corps diplomatique).

Das Ganze hat eine feine Komponente: In dieser gesellschaftlichen Stratosphäre, in diesem »Bonner Raumschiff«, sind immer noch hohe Herrschaften, gute Kiste und guter Stall, auch ein Quentlein Schickeria aus Düsseldorf zu Hause. Der Adel, obwohl die Gesellschaft weitgehend demokratisiert, ist repräsentationsfreudig geblieben und stellt gern ein paar lebende Bilder, wie sie Illustrierte gebrauchen können. Die Bonner Demokraten erlauben sich jedenfalls den Luxus des Adels.

Vieles vollzieht sich im Ressort Protokoll nach der alten Walze. Es ist Verbrämung und Paspelierung am reichen Faltenwurf des diplomatischen Handwerks. Nur halb und halb zur alten Walze gehörten das Tennis- und Golfspiel, das Reiten, das Segeln, das Tontaubenschießen und die Gesellschaftsspiele der feinen Leute. Gelegentlich kamen diese Stichworte, wenn sie beim Protokoll des Auswärtigen Dienstes diskutiert wurden, etwas auf Krücken daher. Aber bei einem Stichwort warfen die ältesten Bonner Gäule die Ohren oder, um es in der richtigen Sprache zu sagen, die Löffel oder Lauscher in den Wind: Diplomatenjagd. Leider schaffte dann aber auch die der Bundespräsident, der selbst Jäger ist, Walter Scheel, 1975 wieder ab. Oder, richtiger gesagt, sein Staatssekretär Frank redete sie ihm aus.

Die Feste zu den Nationalfeiertagen fremder Staaten, die jetzt mehr und mehr auf die Mittagsstunden verlegt werden, von 12 bis 14 Uhr, zum Vin d'honneur, wie auf den Einladungen steht, verfolgen die Ziele, das in Bonn anwesende Völkchen der Diplomaten etwas mit Neuigkeiten und Spekulationen, mit Scherz, Ernst und Ironie, mit Klatsch und Tratsch zu versorgen.

Diplomaten sind Berufs-Cocktailer. Jeder Botschafter muß von Amts wegen und professionell jährlich mehrere hundert Empfänge und Partys besuchen, oft zwei oder drei an einem Tag. Sie nennen sich selbst ironisch »Cocktail-Hyänen«, die mit den Wölfen heulen und den Schafen blöken müssen. Denkarbeit und Strapazen werden nicht verlangt, sieht man einmal von dem langen Stehen ab. Es plätschert alles, sagt der Franzose zum Pressemann, so entzückend blöd dahin.

Kein Botschafter, der es bestreitet: Die Mittagsempfänge sind eingerichtet, um Kosten zu sparen, denn die Damen der Diplomaten werden zum Vin d'honneur nicht miteingeladen. Auf sommerlichen Abendempfängen sah man noch vor nicht allzu langer Zeit Chic à la Bonn und Chic à la Paris. Ein Damenhut, Pariser Modell, ein Wagenrad, konnte das Gezwitscher von Damen auslösen, auch den »Bonner Blick« bei Männern in Bewegung setzen, das ist unauffällig am Gesprächspartner vorbei auf die Suche nach Entdeckungen gehen.

Zu den »Privilegierten« unter den Missionschefs – der ersten Gruppe –, die eher Zugang zum Außenminister und sogar zum Kanzler haben, zählen die Botschafter der USA, Frankreichs, Großbritanniens, Italiens, der EG-Staaten und der Sowjetunion. Die Gruppe zwei etwa sind die »Unauffälligen«, die nicht zur EG und zur NATO gehören, nicht zu den Ärmsten der Armen zählen, etwa Argentinien, Brasilien, Venezuela, Uruguay, Malaysia. Mehr und mehr Anteilnahme erfährt natürlich die Iberische Halbinsel, neuerdings ja auch in der EG. Schließlich ist die dritte Gruppe, die zu den »armen» Ländern zählt, eine bestimmte Gruppe eines Teiles der Dritten Welt, die im Botschaftsbetrieb schlecht ausgerüstet ist, nicht genügend vorbereitet in die Bundesrepublik kommt, meist die deutsche Sprache nicht beherrscht und sich demgemäß nicht an deutschen Zeitungen oder am Fernsehen orientieren kann. Es wäre ungerechtfertigt, diesen Diplomaten Vorwürfe machen zu wollen. Die Vorstellungskraft dieser Diplomaten muß oft große Anstrengungen machen, um manches, was in einer europäischen Stadt auf sie zukommt, zu begreifen. Auch die Vorurteile mancher Deutschen ihnen gegenüber sind recht solide und dauerhaft. Automatisch sind die meisten gezwungen, sich an den Franzosen zu orientieren. Ihr Wissensstand, das Gefühl, im Bilde zu sein, ist gering. Hier ist vorwiegend an die Vertreter von Schwarzafrika gedacht.

Die Väter werden versetzt, die Kinder bleiben sitzen

Die Diplomaten der sogenannten sozialistischen Welt, der Ostblockstaaten einschließlich Cuba, sind eine eigentümliche Mischung von Zurückhaltung, Verschlossenheit, Angst vor bürgerlicher Infektion. Wer wüßte nicht, daß die Weltprobleme kompliziert sind, schon wenn Jugoslawen und sogar Rumänen in Bonn beim Whisky darum bitten, nicht zu den Ostblockstaaten gezählt zu werden. Da erkennt man deutlich, daß sich der sowjetische und der chinesische Botschafter auf der Gartenparty möglichst aus dem Wege gehen. Sie tun so verderbt wie unschuldig miteinander. Ostblockdiplomaten wohnen in einer Art »Count down«. Sie haben Kontakt untereinander. Der Ton ist einerseits nachdrücklich, andererseits gelähmt; ihr Sendungsbewußtsein tragen sie nicht ständig vor sich her.

Es geht den ausländischen Diplomaten wie ihren deutschen Kollegen: Die Väter werden versetzt, die Kinder bleiben sitzen. Ausländische Diplomatenkinder sind privilegiert, wenn die Väter Amerikaner, Franzosen oder Russen sind, denn die haben eigene Schulen in Bonn.

Ein Problem eigener Art kocht Hans Daniels, Bonner Oberbürgermeister, mal auf Spar-, vor Wahlen auf großer Flamme: die berechtigten Klagen der Bonner, namentlich der Godesberger Bürger über säumige Zahler unter den Diplomaten. Doch manche farbigen Diplomaten leben tatsächlich von der Hand in den Mund, erhalten nicht regelmäßig ihre Bezüge. Der folgende Fall passierte – traurig, aber wahr – tatsächlich: Als ein Deutscher einen afrikanischen Botschafter mit seiner

Frau sah, rief er wütend in ihren Wagen: »Da fährt unsere Entwicklungshilfe.«

Geschäftsleute vermuten hinter dem Schuldenmachen oft ein Motiv, das ihnen nicht faßbar ist. Auf mehr als eine Million D-Mark schätzt man den Betrag für unbezahlte Rechnungen, keine beträchtliche, aber eine ganz hübsche Dimension. Mit Verlaub: Vagabundennaturen und bisweilen sogar phantastische E.-T.-A.-Hoffmann-Figuren sind unter Diplomaten anzutreffen.

Auf exterritorialem Gebiet zu weilen, also außerhalb des Herrschaftsbereiches deutscher Rechtsvorschriften, macht sich ganz gut. 1971 wurde eine Bonnerin erdrosselt; das Verfahren gegen einen verdächtigen fremden Botschaftsangehörigen wurde von der Staatsanwaltschaft eingestellt; den juristischen Schliff lieferte das Wort »immun«. Ein arabischer Attaché fuhr einen Deutschen zum Krüppel, ein anderer drückte sich um Alimente; ein Botschafter ließ mittels »immuner« Eisenbahn-Kesselwagen Weine seines Landes in die Bundesrepublik einführen, steuer- und zollfrei, versteht sich. Manche Diplomaten vertreten, was Vorschriften über ihre Automobile betrifft, ihre Branche vollkommen. An Bestimmungen, meinen manche, brauche man sich nicht zu halten. Viele Segnungen liegen über den CD-Leuten. Die korrektesten Diplomaten, auch was die Verkehrsvorschriften anlangt, sind jene, die aus Ländern mit alter diplomatischer Tradition kommen.

Und noch ein Bonner Kapitel: Bonn liefert aus dem Bereich des Corps diplomatique immer wieder gehobenen Gesellschaftsklatsch, der nicht zu verachten sei, wie der französische Botschafter André François-Poncet sagte, als er Ende der fünfziger Jahre seine Bonner Tätigkeit beendete. Respekt vor der Institution der Diplomatie und Rücksicht auf das Auswärtige Amt aber hindern einen oft, präzise zu beschreiben, was zum Beispiel bei Staatsbesuchen alles passiert. Ein Peyrefitte käme auf seine Kosten. Die Bonner Dunkelkammer liefert, obwohl Klatsch in unserer Soziologie so erfrischend wirken kann, nur Mittelmäßiges.

Die zarten Liebesbande eines Botschafters zu einer Dolmetscherin wurden breitgetreten, dabei handelte es sich, wie sich bald herausstellte, um ein richtiggehendes Verlöbnis des verwitweten Botschafters mit jener deutschen Dolmetscherin. Es gab Scherereien für den Mann. Bald wußte man, daß Brotneid die Affäre ausgelöst hatte: Ein Mann aus seiner Heimat, der früher bei der Botschaft in Bonn tätig gewesen war, wollte Botschafter in Bonn werden.

Ein Diplomat aus Schwarzafrika, nicht einmal Mohammedaner, sondern Katholik, brachte drei Ehefrauen mit nach Bonn; eine Ehefrau wurde als legitim, zwei als Familienangehörige angegeben.

Das 26. Kind eines farbigen Diplomaten, ein Zwillingskind, starb als Säugling. Es sollte auf einem mohammedanischen Friedhof beigesetzt werden. Doch das Auswärtige Amt fand in der Bundesrepublik keinen mohammedanischen Friedhof. Das tote Kind fand schließlich mit einigem Wenn und Aber auf dem Zentralfriedhof Bad Godesberg-Hochkreuz seine letzte Ruhe.

Ein Staatsbesuch reiste aus weiter Ferne an, ein bekannt großer Frauenheld, der als Mohammedaner über vier rechtskräftig angetraute Frauen verfügte, aber ohne sie nach Bonn kam. Man ließ das AA diskret wissen, daß der Besuch sich gern einigen schönen Frauen widmen würde. Obwohl höhere Belange auf dem Tapet standen, ließ es das Protokoll bei dieser Bemerkung bewenden: In Deutschland seien Frauen keine staatliche Einrichtung.

Der Zufall wollte es, daß Ende der sechziger Jahre publik wurde, daß jene Dame mit Namen Kitty, die solche Belange einst für das Berliner Ribbentrop-AA vertrat, als alte Dame längst Bonner Bürgerin war und im Johanniterviertel in der Nähe des Bundeshauses wohnte. Inzwischen ist sie dahingegangen. Dem hochbetagten Ministerialdirigenten a.D., Dr. Dr. h. c. Edmund Friedemann-Dräcker, den Bundespräsident Heinemann 1970 noch mit dem Großen Bundesverdienstkreuz dekorierte, lief sie augenzwinkernd über den Weg: Hallo Kitty! Hallo Mundi!

Fünf weiße Längsstreifen auf rotem Grund, als »Gösch« ein fünfzackiger weißer Stern auf blauem Grund – das ist die National-, Kriegs- und Handelsflagge einer afrikanischen Republik, die deren Botschafter als Stander am Automobil führt. In der Botschaft ist das Wappen der Schwarzafrikarepublik zu sehen, das Palme, Schiff, Pflug und aufgehende Sonne zeigt. Das Land ist von der Größe der DDR, hat aber nur soviel Einwohner wie Köln und Bonn zusammengenommen; es ist also ein Miniland. Viele internationale Reedereien, die in diesem Land nicht einmal eine Niederlassung haben, führen die Flagge mit der »Gösch«. Der Tatbestand der Piraterie ist es nicht, der mit diesen Flaggen getrieben wird, aber die solide Handelsschifffahrt rümpft die Nase – es ist der Tatbestand der sogenannten Billig-Reedereien.

Anfang der achtziger Jahre wurde ein Kapitel abgeschlossen, aus dem schlüssig hervorgeht, daß nicht alle Diplomaten ihre Hände in Unschuld waschen. Auch in ihren Kreisen gibt es Verworfenheit. Mit einem Botschafter gab es mächtigen Verdruß. Die Diplomatengeschäfte drückten anschließend schwer auf seinen Schultern. Zwischen den Zeilen vermerkte das Ministerium für wirtschaftliche Zusammenarbeit, daß jenes Land in einem Jahrzehnt von der Bundesrepublik 76,5 Millionen DM Kapitalhilfe, vorwiegend für Straßenbau, bekam und daß die deutsche Industrie für 911 Millionen DM dort investierte. Wirtschaftskapitänen an Rhein und Ruhr und anderswo drückte der Botschafter oft und gern die Hand.

Während sein Vorgänger elf Jahre als Botschafter in Bonn war und nach dem Nuntius das höchste Dienstalter hatte, brachte es der spätere Botschafter nur auf elf Monate. Dann waren seine und der beiden Sekretäre private Schulden so hoch, daß man unbedenklich von Pumpgenies sprechen konnte. Binnen kurzem war man auf hohen sechsstelligen D-Mark-Ziffern. Da es ein altes Diplomatenwort ist, daß der Teufel im Detail steckt, wußte es das Auswärtige Amt bald: Um Möbel, Kleidung, Autos, Lebensmittel und Benzin und um Bankkonten, die überzogen waren, handelte es sich. Auch das Außenministerium des Heimatlandes war schnell im Bilde. Da in einem Jahrzehnt über eine Milliarde an Kapitalhilfe und Industrieinvestitionen aus der Bundesrepublik in jenes Land flossen, wußte auch der Chef im fernen Afrika, was er zu tun hatte.

Während meist die Dinge mit Diplomaten – und dies war kein Einzelfall – diskret beigelegt werden, ging jener Außenminister in die vollen. Vor seinem Parlament prangerte er die diplomatische Fehlleistung seiner Bonner Mannschaft freimütig an und beorderte alle drei Herren sofort nach Hause. Auf die Formel, daß sie sich nichts dabei gedacht hätten, konnten sich die Herren Diplomaten und ihre Frauen nicht zurückziehen. Der Außenminister versprach dem Bonner Auswärtigen Amt, es werde alles in Ordnung gebracht.

Kopfschütteln bemächtigte sich auch unseres Bundespräsidenten. Dem Botschafter wurde als Erinnerungsgabe weder das bei abgehenden Missionschefs übliche Silbertablett noch das Bundesverdienstkreuz verliehen. Damit wurden die drei vermutlich auch aus ihrer Diplomatenlaufbahn hinausgedrängt.

Denn der Papst wird renitent

Reich an merkwürdigen Fällen ist das Protokolldasein. Ein fremder Botschafter kam an den Rhein und ersuchte um Akkreditierung. Auch hier ist eine Verfremdung von Name und Art notwendig. Sein Zuhause, in der Nähe des Äquators, kann nur angedeutet werden. Jener Botschafter mohammedanischen Glaubens meldete zwei Frauen, mit denen er verheiratet sei, zur Diplomatenliste an und erbat die Ausstellung eines Diplomatenpasses für beide Frauen. Verschlüsselte Fernschreiben gingen an unsere Botschaften in London, Rom und Washington mit der Frage, wie dort verfahren werde. Die erste Antwort kam von Botschafter von Hase aus London; er brachte es in diesem Poem: »In Britannien zählt man schlau/immer nur die erste Frau,/ und die zweite, dritte, vierte/gelten hier als angeschmierte;/sozusagen als private/Kon- und sonstige Kubinate,/die das Protokoll zwar kennt,/aber nicht beim Namen nennt./Wobei man dann so verbleibt,/ daß man sie zum Haushalt schreibt. Hase.« Botschafter Lahr aus Rom dichtete ebenfalls per Telegramm: »Offiziell zählt in Italien/nur die erste der Gemahlien,/denn der Papst wird renitent,/wenn man alle weiteren nennt./Präsentiert wird nur die eine,/angetraut auf einem Scheine./Nebenher kann sich erbauen/jedermann an hundert Frauen. Lahr.« Auch Botschafter Pauls aus Washington war telegrammverschlüsselt gegen »Vielweiberei«. Das Auswärtige Amt entschied: Nur Nummer eins bekommt Diplomatenstatus.

Die Herren vom Diplomatischen Korps sind nicht kleinlaut oder wehleidig, wenn sie Blechschaden verursachen, eine Einbahnstraße in der verkehrten Richtung befahren oder einfach nur falsch geparkt haben. Ihre »Unantastbarkeit« hat keine Grenzen, auch keine von der Polizei gezogenen. In jedem Jahr liegen einige hundert Anzeigen wegen der verschiedensten Verkehrsdelikte beim Auswärtigen Amt vor. Die Anzeigen werden aus dem Verkehr gezogen und niemand wird jemals bestraft.

Selbst bei etwas Raufhandel schweigt die Bonner Polizei, die im Übersehen mancher Dinge bei Diplomaten getrimmt ist. Hören und Sehen verging allerdings weit nach Mitternacht den Anwohnern einer Straße in der Bonner Innenstadt. Zwei Automobile krachten zusammen. Der Fahrer eines ausländischen CD-Wagens hatte die Vorfahrt nicht beachtet. Ein Polizeiwagen war schnell da, und ein Beamter notierte den Tatbestand in seinem Büchlein. Der Diplomat forderte zu sehen, was die Polizei aufgeschrieben hatte. Der Auftritt war lautstark, die Polizei versuchte abzuwiegeln, aber in der Wahl seiner Ausdrücke war unser Mann aus Äquatornähe nicht gerade pingelig. Trotz Goethes Nähe entschloß er sich nicht zum Götz von Berlichingen, vielmehr fuhr er noch gröberes Geschütz auf. Jedes zweite Wort war »Sch . . .«. Rempelei und Schlägerei folgten. Der Mann erfuhr es exemplarisch: Sein Botschafter schickte ihn zwei Wochen später nach Hause, und zwar für immer.

Ein Botschafter hatte eine angebliche Nichte unter seinem Botschaftspersonal. Doch sie war etwas anderes als eine Nichte. Auch Diplomaten sind Menschen. Es war eine kleine Hure. Sie kaufte auf Rechnung des »Onkels« in Köln und Düsseldorf allerhand schöne Sachen ein. Der Onkel nannte seine kleine Nichte aus

Verzweiflung schließlich eine Spionin. Da Heldentum mehr etwas für Schwache ist und er nicht die Absicht hatte, sich und sein Land in Bonn zu kompromittieren, ließ er das kleine Biest alsbald ins Flugzeug setzen – ab in die Heimat. Hoffentlich machte sie ihm dort keine Schwierigkeiten.

Diplomaten der Dritten Welt sind an Sachgesprächen weitaus mehr interessiert als an unverbindlichem diplomatischen Blabla. Eine Schlüsselfigur unter den Diplomaten ist naturgemäß der Außenminister. Genschers Vorgänger Scheel hatte von Natur aus eine Begabung zu Kontakten zu fremden Menschen. Scheel hatte stets ein bestrickendes Lächeln und eine Verführungskunst, die darin bestand, daß er Botschaftern, die er nicht kannte, so vertraulich entgegenkam, als kenne er sie von alters her und habe sie zu persönlichen Freunden erwählt. Es bestätigt sich durchweg, daß man Außenminister nicht standardisieren kann. Auch Genschers Ruf befestigte sich rasch in der allgemeinen Gunst, aber er ist vom Typ her anders als Scheel. Doch Genscher verfügt längst über profunde Kenntnisse des diplomatischen Handwerks, verbunden mit einer intellektuellen Leistung, leider ohne die Scheelsche sprachliche Begabung und dessen charismatische Eigenschaft. Wegen seiner langen Dienstzeit als Außenminister ist er längst der Präsident der »Gewerkschaft der Außenminister«.

Genscher erkannte schnell, daß man die »unterprivilegierten« Diplomaten der Dritten Welt nicht allein lassen darf. Schon 1975 hatte er alle schwarzafrikanischen Botschafter zu einer Konferenz mit Arbeitsessen gebeten. Folgende Erfahrungen ergaben sich: Erstens gelang es auf diese Weise beiden Seiten, Informationslücken zu schließen; zweitens lernten einige Diplomaten, präzise und sachlich über die Zusammenarbeit zu diskutieren; drittens konnten diese bilateralen Gespräche Anstöße für eine Zusammenarbeit in der UN geben.

Der Botschafter, sagt man, hat seine Macht verloren. Mit mehr oder weniger großem Aufwand versucht er, sein Land durch eine unauffällige, aber intensive Presse- und Öffentlichkeitsarbeit an den Mann zu bringen, sein Land vorzustellen, darzustellen, vor allem in der Kulturpolitik, die mehr und mehr in den Mittelpunkt der Handlung gerät.

Viele fremde Botschafter suchen das Gespräch. Aus dem Ineinandergreifen der nüchtern beobachteten und sauber kombinierten Details sucht ein Botschafter sich ein Bild zu machen. Bonn ist eine kontaktfreudige Stadt. Über die Bedeutung des Kulturellen in den auswärtigen Beziehungen gibt es manch kluge Betrachtung – vieles illustriert die Arbeit der Diplomaten.

Es ist etwas mehr als Branchenwerbung, die da vor sich geht. Kulturpolitik, wie sollte es anders sein, wird nicht um des schönen Scheins, sondern um des Nutzens willen betrieben. Sie befestigt die Position des Landes, das wirbt. Die Japaner verbinden auf asiatisch, vornehm lächelnd, Kulturbeziehungen mit handfesten wirtschaftlichen Interessen: In Düsseldorf ließen sie im Nordpark für zwei Millionen Mark einen japanischen Garten entstehen.

Nationale Kultur zu präsentieren kann man zahlreichen Ländern attestieren: den Schweden mit ihrem Luciafest, den Argentiniern, die den Bahnhof Rolandseck für einen Abend in ein argentinisches Steakhaus verwandelten und die Folklore nicht vergaßen; die Sowjetunion brachte eine Filmwoche in die Bundesrepublik nach Bonn und München, die Bundesrepublik ein ähnliches Fest nach Moskau und Leningrad; Anfang 1987 versah das tüchtige Haus Burda Moskau mit deutscher Mode.

Auch Glücksfälle gibt es in einer Botschaft: Die Briten hatten über zwei Jahrzehnte lang ihren Botschaftsrat Lance Pope, der nicht nur schuhplattelte und sich mit Bundespräsident Walter Scheel und drei Bundeskanzlern, Kurt Georg Kiesinger, Willy Brandt und Helmut Schmidt, duzte, zu ihm gehörte auch die entsprechende Frau: Da sie eine gebürtige Österreicherin war, fiel einem der österreichische Botschafter Gredler ein, der ideologiefrei und nachhaltig seinen Wiener Charme bei den deutschen Vettern verkaufte. Es war zwangsläufig, daß Pope und Gredler, dazwischen der Bundesaußenminister Scheel, in Aachen den Orden wider den tierischen Ernst bekamen.

Auf die kürzeste Fassung gebracht: Diplomaten versuchen, ihrem Gewerbe einen neuen Stil zu geben. Reisediplomatie ist en vogue, Arbeitsbesuche statt Staatsbesuche. Wird der rote Teppich nicht mehr so oft ausgerollt?

Bonn ist keine Weltkapitale im urbanen Sinn, aber es gibt keinen fremden Botschafter in der Stadt am Rhein, der nicht wüßte, daß für sein Land dieser Posten eine »große« Botschaft ist, daß er auf »vorgeschobenem Posten« ist, da dieser zu den wichtigsten auf dem Globus überhaupt gehört. Bonn ist als Beobachtungsposten und als Ort der Einflußnahme hochgeschätzt, zumal nach der von der Bundesrepublik initiierten Ost-West-Entspannungspolitik und dem KSZE-Spektakel in Helsinki und Belgrad. Der Informationsaustausch am

Rhein ist ungemein erleichtert; das erschwert allerdings zwangsläufig oft die Urteilsbildung bei fremden Diplomaten; man neigt dazu, manche Dinge überzubewerten. Die Deutschen entfalten wieder Selbstbewußtsein, aber man wacht ängstlich darüber, es nicht zu zeigen.

Ein Hengst für den Schah, sonst etwas kleines Nettes

Schon vor vielen Generationen legten Staatsmänner, wenn sie in einem fremden Land Besuche machten, Kränze nieder. Es werden hohe Zelebritäten noch in vielen weiteren Generationen Kränze niederlegen. Es sind nicht zu unterschätzende Quellen in den Ehren und Würden, die ein Kaiser oder König oder ein kommunistischer Generalsekretär verleiht, wenn er zu Besuch kommt.

Im November 1976, neun Tage lang, war der stellvertretende Ministerpräsident des Königreichs Tonga, Herr S. A. L. Tuida, aus der Südsee in der Bundesrepublik. Der Besuch galt der Erinnerung an den hundertsten Jahrestag des deutsch-tongaischen Freundschaftsvertrages. Tuida, im Gewande seiner fernen Heimat, legte an den Gräbern Kaiser Wilhelms I. in Berlin und Bismarcks in Friedrichsruh je einen Kranz nieder. Tuidas Besuch war kein »Staatsbesuch«, wie ihn die internationale Welt kennt, aber – so die Anrede – »Seine Hoheit, das Staatsoberhaupt von Westsamoa, Malietoa Tanomfili II.«, ebenfalls aus dem Stillen Ozean, war im September 1976 zum Staatsbesuch in der Bundesrepublik und bekam als Geschenk, wie es das Protokoll des Auswärtigen Amtes diskret und feinfühlend ausdrückt, »etwas kleines Nettes«.

Austausch von Geschenken war jahrhundertelang an allen Fürstenhöfen üblich; die Demokraten des 20. Jahrhunderts haben es beibehalten. Selbst die armen und ärmsten Teufel unter den Staatsmännern wären bedrückt, wenn sie bei Besuchen nicht mit Geschenken bedacht würden und sich nicht revanchieren könnten.

Besonders Entwicklungsländer sind immer für die alten Sprichwörter gut. Mit einer Melone kann man nach dem Edelstein werfen, sagt man in Fernost, mit einer Wurst nach der Speckseite, sagt man bei uns.

Es kommen öfter Besuche von weit her, zum Bundespräsidenten, zum Bundeskanzler, zum Außenminister, zum Entwicklungshilfeminister, und präsentieren ein Mitbringsel. Es sind Geschenke, Aufmerksamkeiten, meist Höflichkeitsgesten oder Ehrenerweise, wie sie in aller Welt üblich sind. Orden natürlich auch, aber sehr oft Geschenke. Man braucht es nicht zu verhehlen: An Melone und Speckseite ist gedacht. Mit den Regeln internationaler Höflichkeit und Courtoisie wäre es unvereinbar, wenn solche Geschenke abgelehnt würden.

Die erste große Panne aus diesem Bereich kam erst nach Jahren heraus, als sie niemanden mehr verletzen konnte. Sie unterlief 1957 dem Bundeskanzler Adenauer bei seinem »Staatsbesuch« in Teheran in Persien (heute werden nach internationaler Übereinkunft nur noch Besuche von Staatsoberhäuptern »Staatsbesuche« genannt). Adenauer hat den Vorfall in seinen »Erinnerungen« verschwiegen, doch brachte ihn Felix von Eckardt in seinen Lebenserinnerungen »Ein unordentliches Leben« (1967) ans Licht. »Austausch von Geschenken« sah das Protokoll vor – es war im Marmorpalast in Teheran, zehn Bonner Journalisten waren Zeuge. »Der Schah«, so Eckardt, »präsentierte dem Kanzler einige sehr schöne, wertvolle Geschenke: Teppiche, kostbare Einlegearbeiten aus Holz und Elfenbein und ähnliches mehr. Ich selbst bekam einen wirklich schönen, sehr fein geknüpften Teppich. Daraufhin wandte man sich den Geschenken zu, die der Kanzler mitgebracht hatte. Auf einem Tisch standen eine

Schale und zwei zweiarmige Leuchter aus einer respektablen deutschen Prozellanmanufaktur. Man findet heute Stücke dieser Art in jedem besseren Haushaltsgeschäft. Niemals werde ich das Gesicht des Kanzlers vergessen, als er diese bescheidenen Gaben betrachtete. Der Kanzler wurde bleich.« Dann sei, vermerkt Eckardt, hernach das Unwetter losgebrochen; er habe den Kanzler selten so wütend gesehen.

Kurz und gut: Bald darauf entwickelte das Bonner Protokoll Intelligenz und ließ, von einer amerikanischen Militärmaschine transportiert, begleitet von dem Oberregierungsrat Cramer von Laue vom Kanzleramt und dem besten Bereiter des niedersächsischen Staatsgestüts Celle, für den Schah und die Kaiserin Soraya zwei Reitpferde, eine Stute und einen Wallach, per Luftfracht nach Teheran schicken. Aber die aufgebotene Intelligenz ging daneben. Argwohn ist seitdem beim Protokoll angebracht: Ein Perser, ein Mohammedaner, reitet niemals einen Wallach, sondern nur einen Hengst. Die erneute Panne ließ »sich nun leider nicht mehr beheben«, vermerkt Felix von Eckardt resignierend.

Der Fall gehört seitdem zur anschaulichen Dekorierung bei Lehrgängen von Jungdiplomaten. Jener Orientteppich aber, den Adenauer bekommen hatte, das wertvollste Stück, das je ein Politiker der Bundesrepublik bekam, hing später als Wandschmuck in Adenauers ehemaligem Arbeitszimmer in Rhöndorf.

»Staatsbesuche« werden immer seltener, »Offizielle Besuche«, »Arbeitsbesuche«, »Arbeitsessen« immer häufiger. Staatsbesuche sind »wertvolle Instrumente der Außenpolitik« (so das Protokoll). Durch Einsicht will man beschwören, daß dazu Geschenke gehören müssen. Nur amerikanische Präsidenten schenken nichts und lassen sich nichts schenken; Nixons Mondgestein, das er einmal nach Bonn mitbrachte, ging an ein Museum.

An der Grenze der internationalen Pseudohöflichkeit, das heißt bei allen Besuchern, die über den roten Teppich ankommen, ist also das Geschenk angesiedelt. Darüber gibt es im Auswärtigen Amt ein internes Papier, eine Art Hauserlaß, in dem die Prinzipien festgehalten sind, nach denen Geschenke ausgegeben werden. Der Formulierung von der »internationalen Gepflogenheit« ist kein Jota hinzuzufügen oder abzuziehen. »Es gibt keine absoluten Regeln über Art und Wert des Geschenks« (Protokoll). Ein »Erinnerungsgeschenk« wird vom Gastgeber überreicht, oder der Gast findet es, mit einem Kärtchen des Bundespräsidenten versehen, in seinem Zimmer. Das teuerste und spektakulärste Geschenk bekam Generalsekretär Leonid Breschnew, den Untertürkheimer graulackierten 450 SLC Spezial, in dem die Illusion leibhaftig Figur geworden war: zweitgrößte Industriemacht der westlichen Welt. Bundespräsident Scheel überreichte 1975 bei seinem Staatsbesuch in Moskau, des Bundeskanzlers Brandt Geschenkfreudigkeit zurechtrückend, dem sowjetischen Staatspräsidenten Podgorny zwei silberne Weinkannen auf silbernem Tablett. Der Präsident Nyerere aus Tansania bekam von Scheel im Mai 1976 in Bonn einen VW-Krankentransporter, der Pole Gierek brachte für Bundeskanzler Schmidt zwölf Bordeaux-Gläser und – das Bemühen um Originelles wurde deutlich – eine Helgoländer Lotsenmütze.

Anhaltspunkte bei den »Erinnerungsgeschenken« sind »die persönlichen Neigungen und Vorlieben des

Gastes; der persönliche Charakter des Gastes steht im Vordergrund« (Protokoll). Statt eines »Erinnerungsgeschenks« kann ein »Staatsgeschenk« überreicht werden, das den Bedürfnissen des Landes Rechnung trägt. Hier ist an Entwicklungsländer gedacht: Krankenwagen oder Sprachlabor. Bei den Geschenken bestreitet das Protokoll die Gültigkeit des Bibelwortes, daß Geschenke einen Zaum ins Maul legen. Philatelisten bekommen Briefmarken, Jäger ein Jagdgewehr, Musikliebhaber Plattensätze und so weiter und so fort.

Bei Besuchen ist es üblich, daß die ganze offizielle Delegation bedacht wird. Da findet der Gast im Zimmer einen Aktenkoffer, eine Pocketkamera, ein Zigarettenetui mit dem faksimilierten Namenszug des Bundespräsidenten, des Kanzlers oder des Außenministers, Weine, Feuerzeuge. Fach- und Antiquitätenhändler, Professoren und Museumsdirektoren werden als Berater bemüht. Kammerzofen finden ein Necessaire, Kölnisch Wasser oder ein Porzellanfigürchen auf dem Nachttisch; es geht nuanciert zu. Das Ganze, wer würde es bestreiten, könnte auch parodistische Momente haben.

Sechs Bundespräsidenten haben über hundert Staatsbesuche in allen Teilen der Welt absolviert, 28 allein Heinrich Lübke. Die Zahl der Arbeitsbesuche aller Bundeskanzler und aller Außenminister war weit höher. Über die mitgebrachten oder ins Ausland mitgenommenen Geschenke schweigt die Protokollabteilung hartnäckig. Vom Protokoll könnten manche Leute, was Verschwiegenheit anlangt, lernen. Läuft einem beim Auswärtigen Amt eine schwarze Katze über den Weg, kann man gewiß sein, dort nichts zu erfahren.

Ein Papagei für Brandt: »Egon, alles Käse«

Im Bewußtsein auch unserer Bundestagsabgeordneten hatten sich Zweifel eingenistet, was mit Geschenken erfolge. Zwar hatten schon 1959 der Innenminister Schröder und 1962 der Innenminister Höcherl den Komplex in der Fragestunde des Bundestages abgehandelt. 1975 antwortete dann der Staatsminister Wischnewski dem Lüneburger Abgeordneten Schröder (CDU) in der notwendigen Angemessenheit: »Der Austausch von Geschenken bei offiziellen Besuchen von Staatsoberhäuptern, Regierungschefs und Außenministern entspricht einer alten und international üblichen Praxis. Die Mittel für solche Geschenke werden einem für diese Zwecke vorgesehenen und im Haushaltsplan ausgewiesenen Fonds entnommen. Die dem Herrn Bundespräsidenten und seiner Gattin aus Anlaß von Staatsbesuchen gemachten Geschenke werden zunächst inventarisiert und kommen in die Repräsentationsräume der Villa Hammerschmidt, in das Bundespräsidialamt oder in die Amtswohnung des Bundespräsidenten. Beim Ausscheiden des Bundespräsidenten aus dem Amt wird aufgrund der Inventarliste darüber entschieden werden, welche Geschenke mit Rücksicht auf ihren ganz persönlichen Charakter Eigentum des Herrn Bundespräsidenten oder seiner Gattin bleiben. Der Herr Bundeskanzler und der Herr Bundesminister des Auswärtigen verfahren analog.«

1959 hatte es geheißen: »Da die Minister (auch Präsident und Kanzler) keine Dienstvorgesetzten haben, die eine Genehmigung zur Annahme von Geschenken erteilen können, müssen sie aus eigener Verantwortung darüber entscheiden, ob gegen die Annahme des Geschenkes Bedenken bestehen.«

Das 45. Gesetz über die Rechtsverhältnisse der Mitglieder der Bundesregierung (Bundesministergesetz von 1971) deckt sich nicht mehr ganz mit der Antwort von 1959 ans Parlament. Jetzt heißt es kurz, knapp und verschwommen, Zwangsläufigkeit von Mißverständnissen und Auslegungen inklusive: »Die Mitglieder und ehemaligen Mitglieder der Bundesregierung haben dieser über Geschenke Mitteilung zu machen, die sie in bezug auf ihr Amt erhalten. Die Bundesregierung entscheidet über die Verwendung der Geschenke.«

Die Keller der Villa Hammerschmidt, das Dachgeschoß des Palais Schaumburg lassen erkennen, daß die Geschichte mehr als ein Malheur anrichten kann. Alle Bundespräsidenten, alle Bundeskanzler, alle Außen- und Entwicklungshilfeminister konnten oder können sich für das Ende ihrer Tage ein Museum einrichten mit »Erinnerungs-« oder »Staatsgeschenken«, die ihnen im Laufe ihrer Amtszeit zuteil wurden. Sie bekamen Pagoden, Moscheen, Reiter aus Bronze, Kanonen, alles in Miniatur, Elefantenzähne, präparierte Krokodile, Tee- und Kaffeeservices, Porzellan, Gläser, Krüge aus Ton und Metall, Nußknacker, Grills für Gartenpartys, Kästen in Perlmutt und Silber, Fliegenwedel aus Elefantenschwänzen, Münzen und Münzsammlungen, Buschtrommeln, Gauchosteigbügel, viel Silbernes, Ziseliertes, Geschnitztes, Geschliffenes. Mächtige cäsarische Häupter aus Bronze und ein Samuraikrieger schauen einen im Keller an. Man sinniert über Dolche, Degen und Schwerter aller Epochen, über Intarsienarbeiten, über Porträts von Bundespräsidenten und Kanzlern, gestickt und als Ölgemälde. Ein lebender Löwe wurde vor Jahren dem Bonner Zoo anvertraut, der kein Zoo ist; prompt ging er ein. Ein Papagei an Kanzler Brandt rief, der Substanz und der Artikulierung nach eine klare Aussage: »Egon, alles Käse!«

Was man den Schenkern und Spendern anrechnen muß: Sie haben sich alle etwas dabei gedacht. Es wäre ein origineller Gedanke, ein Museum für Staatsgeschenke einzurichten, für jeden Bundespräsidenten, jeden Kanzler und Außenminister einen eigenen Raum.

Es begab sich immer wieder, daß auch ein Bundespräsident in Gewissenskollision geriet: Was war ein »Erinnerungs-«, was ein »Staatsgeschenk«? Schon seit Heuss-Tagen gab es bei dieser Frage Erörterungen über wertvolle Orientteppiche; er war nicht umsonst ein Schwabe mit einer Affinität zum Besitz. Originell war ein sizilianischer Karren, der auseinandergenommen ankam und sogar verzollt werden mußte. Zahlreiche Lampen und Leuchten aus Büffelhörnern und Elfenbein, die den Vorzug hatten, nicht angeschlossen werden zu können, sind zu sehen. Antiquarische Bücher, Inkunabeln, Speere, Masken, Tigerfelle, Fruchtbarkeitsgöttinnen, Batikarbeiten, Sitzkissen, Gewänder und Umhänge mit Pumphose, Turban und handgemalten Sandalen gehören dazu.

Letzte Instanz für die zahllosen Geschenke aller Art sind meist die »Schreckenskammern«, »Gemischtwarenläden« oder »Raritätenkabinette«, wie die Abstellräume von den Kennern abwechselnd pietätvoll genannt werden.

Nur einer hat bisher, als er aus dem Amt schied, einige wenige persönliche Erinnerungsstücke in den

Ruhestand mitgenommen und den Gegenwert an die Bundeskasse, 60000 DM, bezahlt: Gustav Heinemann. Das ihm vom Papst geschenkte Bild eines alten Venezianer Meisters (»Die heilige Ursula verläßt das Schiff bei Köln«) war darunter.

Der Legationsrat – distinguiert, liebenswürdig, belesen

Wie der Hauptmann bei der Kavallerie Rittmeister hieß, so heißt im Auswärtigen Dienst der Regierungsrat Legationsrat. Dem Range des Oberregierungsrates entspricht der Legationsrat I. Klasse, dem des Ministerialrates der Vortragende Legationsrat I. Klasse. Der Vortragende Legationsrat ist Referent, der Legationsrat Hilfsreferent. Die Vortragenden Legationsräte führten in der Monarchie den Titel »Geheimer Rat«; der »Wirkliche Geheime Rat« (mit der Anrede »Exzellenz«) war eine Auszeichnung für die Ministerialdirektoren. Unser Bonner Legationsrat, von dem die Rede sein soll, wird nie »Geheimrat« werden, diese Zeit ist dahin. »Unser demokratisiertes Zeitalter will sie nicht, die Geheimen Räte«, lächelt unser Legationsrat superfein, obwohl er weiß, daß das ganze Amt sozusagen aus Geheimen Räten besteht, einschließlich seiner werten Person.

Dem profanen Auge des Außenstehenden ist das Wesen des Auswärtigen Dienstes verborgen. Der Außenstehende kann den Herrn Legationsrat wohl morgens ins Amt schreiten sehen, aber es bleibt größtenteils der Phantasie des Betrachters überlassen, sozusagen imaginativ zu erforschen, was der Legationsrat denkt (er biegt übrigens, falls er nicht mit dem Wagen anfährt, den Bundesgrenzschutzposten lässig grüßend, mit distinguierter Korrektheit, gewissermaßen mit sichtbarem Standesgefühl, von der Adenauerallee in die Wörthstraße ein, eine kleine Nebenstraße, um hintenherum das Amt zu erreichen). Er trägt einen Mantel von etwas gröberem, einen Anzug von feinerem Dessin mit gedeckten Farben, aber der schwarze Homburg und der gerollte Regenschirm sind nur noch Ingredienzen der Karikaturisten der fünfziger Jahre.

Was er also denkt, ist nicht auszumachen. Vielleicht – aber das ist nur zu erraten – konstruiert er an einer Lieblingsidee: Raus aus der Bonner Zentrale, endlich »auf Posten«, das heißt ins Ausland! Er hat zwar schon in der Ausbildung einen konsularischen Außenposten gehabt, aber er träumt von Paris, von Washington oder London. Er kann sich nicht erklären, weshalb seine Versetzung noch nicht verfügt ist, obwohl er schon am 1. April dran war. Er hat einen rechten Zorn auf die Personalabteilung, die 1967 zum ersten Male mit einem Karrierediplomaten besetzt wurde. Mehr als anderthalb Jahrzehnte versuchten drei Außenseiter auf dem Posten des Personalchefs, gewisse Weichen zu stellen – das öminöse »C. V.« blieb als Sachverhalt nicht zu bestreiten. Aus der Umgebung des Staatssekretärs I. verdichtet sich das Gerücht, daß erneut zwei Legationsräte nach Moskau sollen. Der Gedanke an Moskau ist aufreizend. Hat er nicht als Attaché in der Ostabteilung gearbeitet? Er kann natürlich nicht riskieren, den Personalchef zu fragen – oh, er wird sich hüten! Ganz mit der Konstruktion seiner Lieblingsidee beschäftigt, betritt er das Amt. »Guten Morgen, Herr Direktor«, hätte der alte Oberamtsgehilfe Mühlenhaupt in den fünfziger Jahren noch gesagt. Jetzt sagen die beiden Amtsgehilfen in der Pförtnerloge im Chor: »Mojn, mojn.«

Unser junger Legationsrat, in den dreißiger Jahren geboren, gehört, wie er es selber ausdrückt, zu den »Karriere-«, also zu den Berufsdiplomaten. Zwingend ist ihm suggeriert worden, daß sie, wenn auch ohne Gelübde, ein »Orden« seien. Er gehört zu einer »Crew«.

Er hat die erhebende Gewißheit, kein »Outsider« zu sein. Er weiß von mehr Dingen zwischen Himmel und Erde, als die Weisheit der Außenseiter wahrhaben will. Er hat eine andere Beziehung zur Diplomatie als jene, die mit Gottes und wer weiß wessen Hilfe ins Amt gekommen sind. Nur wenn er gefragt wird, gibt er zögernd zu, daß es auch unter den Außenseitern in seinem Beruf gute Leute gibt. Aber schon »im Atemholen sind zweierlei Gnaden«, wie Herr von Goethe dichtete. Dieses Wort macht er sich gern, da er literaturbeflissen ist, etwas lässig ironisch zu eigen. Wenn er politisiert, bemüht er ebenfalls gern die Literatur, allerdings nicht Herrn von Goethe, sondern einen Duzfreund seines ehemaligen Außenministers Brandt, Herrn Günter Graß. Herr Graß sagte 1967, einige Wochen vor Adenauers Tod: »Adenauer hat Gleise gelegt, auf denen wir heute noch unseren Sackbahnhöfen entgegenfahren.« Er ist ganz anderer Meinung als Herr Graß. Es ist ihm auch nicht behaglich, wenn einer fragt, ob es nicht stimme, daß zum Beispiel aus der Wirtschaft, und nicht nur von dort, sogar aus der Presse, gute und sehr gute, ja hervorragende Attachés gekommen seien. Er sagt: »Jeder Bäckermeister muß seinen Beruf erlernen, sollte man das nicht auch vom Diplomaten annehmen?« Er bleibt dabei: Außenseiter sind Amateure, es fehlt ihnen das Etikett der »Crew«. Diplom und Diplomatie entspringen derselben Wurzel. Er hat das Diplom, der andere nicht; er hat mit Mühe erworbenes Kapital mitgebracht, der andere nicht – ergo? Übrigens hat er gute Beurteilungen in seiner Personalakte. Auch ist er tropentauglich. Und es wurmt ihn, wenn er das Wort – es stammt von Tucholsky – »Dippelmaten« hört.

Beim Zitieren von Bismarck, der überzeugt war, bei

Diplomaten handele es sich um »dekorierte Briefträger«, rümpft er die Nase. Und das obszöne Wort Blüchers – nicht des ersten Vizekanzlers der Republik, sondern des Marschalls –, sie seien »eine boshafte Rotte niederer Faultiere«, schlägt ihm die Krone ins Gesicht. Der fromme Paul Claudel, französischer Botschafter in Tokio, Washington und Brüssel, gestorben 1955, hinterließ folgendes Stoßgebet an die Mutter Gottes: »Gib mir die Kraft, die Langeweile, die mich erwartet, mit Gleichmut zu ertragen und die dümmlichen Tischgespräche wie ein Kreuz auf mich zu nehmen.«

Unser Legationsrat ist ein gescheiter, intelligenter, nobler, liebenswürdiger, belesener Beamter, von keiner Arroganz, aber bisweilen von einem sehr, sehr fernen Hochmut geplagt. Er kommt aus gutem Hause und ist, obwohl verbindlich, prinzipiell in seinen Ansichten. Man hatte ihn gelehrt, ein Diplomat müsse mit unverblümten Meinungsäußerungen zurückhaltend sein. Bei der individuellen Menschenkenntnis und Menschenbehandlung muß er noch einiges dazulernen, aber das wird sich, sobald er einmal Auslandserfahrungen hat, wahrscheinlich ergeben. Er liebt die Geselligkeit, aber er bevorzugt die ausgewählte Gesellschaft. Der schlecht sitzende Kragen, der saloppe Anzug eines Gastes verletzen ihn. Diese Dinge sind für ihn Fragen des ästhetischen Gefühls.

In sein Amt hat er schon beträchtlichen Einblick bekommen, er hat in alle Abteilungen gerochen, und er kennt etwas von Informationseinholung und Berichterstattung der Auslandsmissionen, von Geheimhaltung und Chiffrewesen, von Protokoll und Privilegien. Er glaubt, etwas von Methoden der Diplomatie zu kennen, denn er hat systematisch alle Memoiren der letzten hundertfünfzig Jahre gelesen. Es heißt, von alters her habe jedes Ding zwei Seiten. Zwei? Es hat hundert, auch in der Diplomatie. Inzwischen hat er erfahren, daß Diplomaten kaum noch Diplomatie betreiben können. Sind nicht alle Missionschefs mehr oder weniger, wie es Bismarck schon sagte, Briefträger ihrer Regierung geworden? Diese Erkenntnis gibt er gelegentlich, wenn er an seine Zukunft denkt, die für ihn schon begonnen hat, ironisch zum besten.

Was jetzt erzählt wird, ist nicht erfunden. Wir verdanken es einem Mitglied des Bundeskabinetts, also einem Bundesminister. Es ist ein Nichts, was der Herr Minister in den sechziger Jahren erzählte. Er versteifte sich nicht darauf, daß es auf eine gewisse Typologie oder Charakterologie schließen lasse, schon gar nichts habe es mit einer Wertung zu tun. Dieser Minister ist weder ein Kannibale noch ein Heiliger. Er sagte: »Sehen Sie sich unsere jungen Diplomaten an. Wenn ich auf der Adenauerallee gehe, und vor mir geht ein Herr, dann kann ich Ihnen nahezu mit Gewißheit sagen, ob er aus dem Auswärtigen Amt ist, selbst wenn er weder Homburg noch Regenschirm trägt. Diese Herren haben häufig eine sonderbare Art des Schreitens. Ihr Gang ist ganz leicht wiegend, aber keineswegs so wie bei einem Seemann. Man hat das Gefühl, sie wollen anders sein als die anderen. Sie wollen ›feiner‹ gehen als die anderen, distinguierter, stilisierter.« Wie gesagt, er stammt aus den sechziger Jahren.

Vielleicht ist das, was der Minister sagte, reichlich phantasievoll. Aber seine Beobachtungen waren verblüffend. Sie wollen distinguierter und stilisierter sein – ist es das nicht? Er hat natürlich seine Meinungen gehabt, das wollte er als Postskriptum festhalten, wenn auch vom sicheren Port seiner Auslandsstationen, als er dort auf Posten war. Er bildete sich ein, ein unpolitischer, wenn auch kein apolitischer Mensch zu sein, getreu und opportun der jeweiligen Regierung dienend. So schwammen im Computer des Hinterkopfes die Staatsminister im Unterbewußtsein: der hochintelligente Parlamentarische Staatssekretär Professor Ralf Dahrendorf, der eloquente und knitze Schwabe Karl Moersch, die tüchtige Kulturdame Hildegard Hamm-Brücher mit gewissen linken Ambitionen, aber ohne Frage mit großem Charme, der Feuerwehrmann Hans-Jürgen Wischnewski, der große Mundspitzer, der aber das Pfeifen nicht unterließ, der ruhige Nachfolger Peter Corterier und der lässig-alerte Dohnanyi, alle noch während der sozialliberalen Koalition, und schließlich, von christlichliberalem Zuschnitt, versuchend, die Kohlsche sogenannte Wende einigermaßen deutlich zu machen, der leider viel zu früh verstorbene Alois Mertes, der ein Denkmal im Hohen Hause erhalten sollte, und der etwas blasse Nachfolger Stavenhagen, der nach keinen Medien Ausschau hielt. Zum Schluß noch einer, Möllemann mit Namen, der im Frühjahr 1987 sogar Bundesminister für Bildung und Wissenschaft wurde. Genscher bekam gleich zwei Staatsminister in sein Haus: Irmgard Adam-Schwaetzer und Helmut Schäfer, alle von Genschers Couleur.

Staatsempfang

Bonner Mysterien

Zu den Bonner Ministerien gehören die Bonner Mysterien, sagte Lore Lorentz vom »Kom(m)ödchen«. Zu den Bonner Mysterien gehört der Staatsempfang, sagte ein Vorzugsmensch, der auf den Einladungslisten des Protokollchefs vom Auswärtigen Amt Einlaß gefunden hatte und bisweilen, wenn er darüber in seiner »Zeitung für Deutschland« berichtete, vom rechten Pfade hier und da etwas abwich.

Ein Staatsempfang ist die lebende Illustration eines Bonner Mysteriums. Ein Mysterium hat etwas Poetisches. Der Staat versucht, sich darzustellen. Über den Fernseher kommt er in die letzte Stockwerkseigentumswohnung und die allerletzte Hütte im Bayerischen Wald. Er kommt in Breitwand und Color, ist ein Film mit dem Titel »Die da oben, die im Lichte« und hat die Note »staatspolitisch wertvoll«.

Die hohen Herrschaften in Bonn haben sich Jahr für Jahr über die Ungunst der Zeiten beklagt, die sie dann doch mehr oder weniger zu meistern verstanden. Mit dem Korea-Krieg, Anfang der fünfziger Jahre, fing es an, und mit dem Vietnam-Krieg, Mitte der sechziger Jahre, war es noch nicht zu Ende. Schlimmes kommt auf uns zu, sagten die hohen Herrschaften – vielleicht dachten sie schon an Tschernobyl? Je mehr Staatsbesuche nach Bonn kamen, desto schwärzer schienen sie zu sehen, je mehr Reisen Adenauer, Erhard und Kiesinger und vor allem Lübke, dann noch Heinemann, Scheel, Carstens und von Weizsäcker in die weite Welt machten, desto mehr verdunkelten sich die Horizonte – scheinbar! Endzeitstimmung? Dehler sprach noch von lausigen Zeiten, als er von Prag, Warschau und Helsinki zurückkam; Ernst Lemmer, als er an der Mauer stand, es sei belämmert, denn wenn diese Mauer gewaltsam falle, sei er da, der große Krieg; Gerstenmaier und Kiesinger sprachen zwar von Humanismus, aber sie hielten ihn wohl endgültig für passé.

Das Publikum sah immer wieder neue Staatsempfänge. Es sei alles Essig, knurrte Wehner. »Beschissene Zeit«, sagte Oswald Kohut. »Viehische Zeit«, sagte Helmut Schmidt. Und Detlef Kleinert, Mitglied des Bundestages aus Hannover, verlor ein bestimmtes Goethewort. Adenauer selbst prägte den unübertrefflichen Satz und projizierte ihn alljährlich auf vierzehn Jahre seiner Kanzlerschaft: »Die Lage war noch nie so ernst.«

Wie selten gibt es reine Farben in der Politik! Die Bundesrepublik stellt sich dar: Staatsempfang. Jeder Staatsempfang hat die Spannungen eines Bühnenstücks.

Der Staatsempfang beginnt in der Regel auf dem Köln-Bonner Flugplatz Wahn, fünfundzwanzig Kilometer von Bonn entfernt. Wahn war jahrelang ein Knirps unter den Flugplätzen der Bundesrepublik. Man setzte seinen Stolz darein, beim Empfang der Großen dieser Welt auch den Bürgermeister der kleinen Rheingemeinde Porz, auf deren Territorium Wahn liegt, auf den Flugplatz zu bitten, damit er die Objekte des Staatsbesuchs mit Handschlag begrüße. Es war sein unveräußerliches Bürgermeisterrecht, den hochmögenden Leuten Ehre zu erweisen. Die Bundesrepublik stellte sich dar.

Auf dem Flugplatz dann wieder in Breitwand und Color: Das Flugzeug rollte zum roten Teppich, die Motoren wurden abgestellt, Begrüßung in Cutaways, den Staatsoberhäuptern Salutschüsse, Händeschütteln, Nationalhymnen, Abschreiten der Front, ran an die Batterien der Mikrophone und der Fernsehkameras, manchmal etwas Weiblichkeit dabei, die schwarzen Limousinen im Nu besetzt, die Polizei tat etwas mehr als ihre Pflicht, tatütata, ab die Post über die Dörfer, Richtung Bonn (die Hamburger Firma Apfelstedt & Hornung tut vom roten Teppich bis zur letzten Fahne mehr als ihre Pflicht; Pannen gibt es nicht). Der Protokollchef hatte noch schnell einen Blick auf einen Minister geworfen: Rasieren hätte er sich auch können. Die Bundesrepublik stellte sich dar.

Am Abend dann – am ersten Abend – Empfang des Herrn Bundespräsidenten in Schloß Augustusburg in Brühl, in der Beethovenhalle in Bonn oder in der Redoute in Bad Godesberg, manchmal sogar in Schloß Gymnich. Man gibt sich die Ehre. Am nächsten Abend – es ist eine logische Fortsetzung – Gegeneinladung (früher meist ins Hotel Petersberg im Siebengebirge). Der Film, der abläuft, hat die Note »staatspolitisch wertvoll«. Man würde das ganze System der Diplomatie und der Beziehungen der Staaten untereinander in Frage stellen und erschüttern, man würde alle sogenannten höheren Standpunkte verleugnen, wenn man das Zeremoniell und Brimborium für überflüssig hielte.

Abends nun in Schloß Brühl

Der Staatsempfang besteht aus seidenweicher Atmosphäre, aus Würde und Wichtigkeit, aus Fräcken und großen Abendtoiletten der Damen. Daß die Würde keinen Strahlenkranz ums Haupt trägt, ist die adäquate Konzession an unser demokratisches Zeitalter. Der Film, ein Ausstattungsfilm, in dem sie alle statieren, ist illuminiert von unzähligen Kerzen, die von den Seitenwänden mehr als genügend Licht über den Staatsempfang fließen lassen.

Noch den Widerschein im letzten Winkel, wo die Kriminalbeamten stehen, liefert die Kerzenindustrie.

Es ist zuerst immer nur Impression. Schon an der Garderobe, bevor man in die großen Säle tritt, geht etwas Gala vonstatten. Wie die Damen pittoresk noch einmal vor den Spiegel treten; wie zwei Botschaftergattinnen, den Spiegelblick schon hinter sich, etwas gedämpfte Konversation dahinfließen lassen; wie die Herren der Schöpfung, die befrackten, das Dekolleté der Damen, die sich nicht scheuen, öffentlich und keck Bekenntnis abzulegen von dem, was ihnen die Natur verliehen hat, schweigend zur Kenntnis nehmen; wie sich diese Herren noch einmal über die Haupthaare fahren, falls noch welche da sind; wie sie etwas betreten und selbstkritisch die »nackte« Brust mustern, weil noch keine da sind, Orden nämlich – seht an, das sind die ersten Impressionen beim Staatsempfang. Gedämpft und getragen ist die Stimmung schon vor dem Eintritt in den Festsaal.

Wer sich des Schlosses Brühl annimmt, ist auf die Literatur angewiesen, und die besagt (in einem Buch des Professors Richard Klapheck, gewidmet 1927 »dem

Vorsitzenden des Provinzialausschusses der Rheinprovinz und der Provinzialkommission für die Denkmalpflege, Herrn Dr. Konrad Adenauer, Oberbürgermeister der Stadt Köln«), daß Brühl die Hauptresidenz der Kölner Kurfürsten war. Hier waltete, im 18. Jahrhundert, Clemens August, populär und beliebt bei den Rheinländern, der Sinn für künstlerische Pläne, aber auch für elegante Hofgesellschaften und Gartenfeste, Falknerei und Reiherbeize hatte, viele Schulden dazu, und dem der Sinn kräftig nach französischen Louisdors und kaiserlichen Florins stand. Für die Gäste des ersten großen Staatsempfangs im Juli 1954, den Bundeskanzler Adenauer für den griechischen Ministerpräsidenten, Marschall Papagos, gab, war das allerdings kein Thema.

Die Räume des alten Schlosses sind konserviert. Es war damals ein bißchen schwer, sich das Museumshafte wegzudenken. Noch war die großartige Architektur da, auch die Innenarchitektur. Die Bomben des letzten Krieges hatten das Ganze nur leicht angekratzt, aber im Laufe des nächsten Jahrzehnts hatte das Land Nordrhein-Westfalen einige Millionen D-Mark für die Restaurierung aufgewendet. Der Geist des Rokoko weht ums Schloß. Putten und Stukkaturen, ornamentale Schnitzereien, Figurengruppen, illusionistische Dekkenmalereien, viel allegorischer Zierat als Beiwerk – das ist Schloß Augustusburg in Brühl. Adenauer bot seinen Gästen bei brennenden Kerzen im Treppenhaus des Balthasar Neumann ein stilvolles Mozart-Kammerkonzert.

Weiß und blau sind die Grundfarben im Schloß. Weiß und blau sind die Farben der Wittelsbacher, die mehrere Kölner Kurfürsten stellten. Weiß und blau sind auch die Farben der griechischen Nation, die einen Wittelsbacher zum König hatte. Das brachte das Fest folgerichtig zu einem schönen Zusammenklang. Das Protokoll hatte alle Hände voll zu tun. Nicht nur die Blumenarrangements, die ungezählten brennenden Kerzen, die Illuminierung der Gartenterrasse mit tausend Windlichtern, die Dienerschaft in schwarzen Fräkken mit roten Westen und goldenen Knöpfen und Biesen machten das Bild festlicher Staatsrepräsentanz komplett, sondern es war sogar für jenen Mann gesorgt, der mit Bügeleisen und Löschpapier die Flecken der tropfenden Kerzen von den Fräcken beseitigte. Nur eines gab es noch nicht, und damit hatte das Protokoll seine Not: Die Retirade fehlte – für die Notdurft flüchtete man irgendwohin, hinter Sträuchern verdeckt, wo die Polizei oder wer auch immer fahrbare Toiletten hingestellt hatte.

Zur Problematik der neuen Bonner »Gesellschaft«, wie sie sich an diesem Sonnabend zum ersten Male in Schloß Brühl bot, blieb dann einiges zu sagen.

Wenn man tiefsinnige Zusammenhänge aufzeigen will, muß man vom Glanz des Festes sprechen. Soviel Großmeister, Großoffiziere, Komture, Ritter und Edelleute hatte man in der Bundeshauptstadt noch nicht beieinander gesehen. Einige Herren des Corps diplomatique waren in ihren Uniformen erschienen, Zweispitz oder Dreimaster und Galanteriedegen dazu, wie sie uns der vierzehnte Ludwig nachgelassen hat. Endlich dann die Militärattachés! Ohne Zweifel, wer sie sieht, dessen bemächtigt sich eine gewisse Aufregung. Respekt vor ihrer Institution und Rücksicht auf das Auswärtige Amt hindern einen, weitschweifig zu beschreiben, wie nahe sie mit Operettenstatisten verwandt sind.

Ruhende Pole im Monumentalgemälde sind die Gelehrten, unsere braven Herren Universitätsprofessoren. Kein Muff von tausend Jahren! Kaum einer, der etwas am Halse oder auf der Brust trägt. Von keinem Wochenschau- oder Bildreporter werden sie gebeten, ins Okular oder in die Linse zu lächeln. »Nackt« steht eine Magnifizenz neben einem goldübersäten Major. Der Major wird für die Illustrierte »geschossen«. Wer würde ein Bild von einer Magnifizenz schon veröffentlichen?

Die Damen bestätigen ein für allemal, daß sie das Salz der Erde und der Diplomatie sind. Sie sind immer, wo die höheren Belange auf dem Tapet stehen, zur Stelle. Außerdem liefern sie unumstößliche Beweise dafür, daß es in der Natur der Natur liegt, einmal üppig, einmal weniger üppig davongekommen zu sein. Schön stilisierte Blößen zeigen sie, gelegentlich sogar Plastik à la Lollobrigida oder Peter Paul Rubens, dem großen Apostel des Runden und der Fülle.

»Du, Äthiopien, sei glücklich ...«

Der Zeitungs- und Rundfunkgott der Deutschen war noch im gleichen Jahr 1954, im November, »Seine Kaiserliche Majestät Haile Selassie I., Kaiser von Äthiopien, Auserwählter Gottes, König der Könige, Herrscher auf dem Salomonischen Thron, siegreicher Löwe aus dem Stamme Juda«. Die kleine Residenz am Rhein, die schon einige Staatsbesuche von ausländischen Regierungschefs mit dosiertem Schaugepränge hinter sich hatte, erlebte nun den Souverän eines fernen, fremden Märchenlandes. Das Schaugepränge, das den Augen der Leute am Rhein immer sehr entgegenkam, erreichte einen Höhepunkt. Die alte Wahrheit, daß zwei mal zwei gleich vier ist, galt für ein paar Tage für die Bundeshauptstadt nicht mehr. Zwei mal zwei war nicht mehr vier. Ganz Bonn war auf den Beinen. Was der Kaiserlichen Majestät und, wie es alten Beschreibungen entlehnt ist, ihrem Gefolge geboten wurde mit »großem Bahnhof«, Baldachinen, Teppichen, Fahnen, beifallklatschender Menge und polizeilicher Absperrung – das hätte ein Kapitel in einem Bonn-Roman sein müssen (vielleicht läßt Wolfgang Koeppen noch einen zweiten »Treibhaus«-Roman folgen).

Der zierliche, winddürre Monarch, dreiundsechzig Jahre alt, 1,62 Meter groß, mit dem Apostelbart, dessen markantes Gesicht von einem physiognomischen Zauberer behandelt zu sein schien, weil nämlich jede Gefühlsregung unter der Epidermis erstarrt war, stiftete unter den Bonner Notabeln, als er auf dem Hauptbahnhöfchen der Bundeshauptstadt aus seinem roten Salonwagen stieg, leichte Verwirrung. Die ordenübersäte dunkelblaue Uniform mit roter Brustschärpe und unbeschreiblichem Goldbesatz, an der Seite einen Schleppsäbel, auf dem Haupt (nicht auf dem Kopf) einen Zweispitz – ein »Bicorne«, wie er unter dem vierzehnten Ludwig entstand – mit einem (was ausdrücklich vermerkt wurde) riesigen Haarbüschel aus Löwenhaar als Krönung – das war ein Bild aus dem Märchenbuch. Vor soviel Malerischem und Phantastischem schienen sogar die sonst bei solchen Anlässen so souveränen Herren Heuss und Adenauer leicht in den Knien weich zu werden. Carlo Schmid, ein Trumm von Bundestagsvizepräsident, stand mit seinem Zylinder wie eine erhabene Eiche, Bundesratspräsident Peter Altmeier, Ministerpräsident von Rheinland-Pfalz, wie eine staatsmännische Individualität. Das Bundeskabinett mit seinen Ministern und Staatssekretären, sechsundzwanzig Mann in summa (der Zylinder von Strauß war ein Malheur), war in Linie zu einem Gliede angetreten (eine Teppichnaht war die Merklinie für ihre Fußspitzen). Frau Pappritz, diensttuende Protokollchefin, kommandierte das Kabinett wie ein Feldwebel.

Als der Kaiser den Bahnhof verließ, spielte eine Polizeikapelle die äthiopische und die deutsche Nationalhymne. Der äthiopischen Hymne, in seltsamen Zweivierteltakt, in moderato, mezzoforte und forte gespielt, ist der idealistische Text eines kräftigen Nationalstaates unterlegt:

»Du, Äthiopien
Sei glücklich dank Gottes Kraft und Deines Herrschers,
Deine tapferen Bürger sind einig!
Nie wird Deine Freiheit angetastet werden,
Denn trutzig sind Deine Berge,

Der erste große Staatsbesuch:
Kaiser Haile Selassie I. von Äthiopien wird am 8. November 1954 von Bundespräsident Theodor Heuss auf dem Bonner Bahnhof empfangen. Im Hintergrund Bundestagsvizepräsident Carlo Schmid.

Oben: Bundeskanzler Adenauer macht hier deutlich,
wer nach dem Bundespräsidenten der zweite Mann im Staate ist.
Unten: Ob Schutzleute, Kapelle oder Schaulustige:
Bei der Ankunft des Negus
vor dem Bonner Rathaus stehen alle Spalier.

Zwei Jahre später: Beim Besuch
des indonesischen Präsidenten Achmed Sukarno (18. 6.–26. 6. 1956)
liegt der rote Teppich schon auf dem
Flughafen Köln-Wahn. Rechts neben Bundeskanzler Adenauer
Bundestagspräsident Eugen Gerstenmaier.

Oben: Bonn gibt sich festlich: Staatsempfang für den Präsidenten Liberias, William Tubman (2. v. r.), im Oktober 1956.
Unten: Auch das gehörte dazu: Bundespräsident Theodor Heuss lädt Mitte der fünfziger Jahre zur beliebten Diplomatenjagd – dieses Mal im Hannoverschen.

Ohne sie läuft nichts auf den Straßen:
Die weißen Mäuse sorgen bei Staatsbesuchen für reibungslosen Ablauf. So auch am 26. August 1959, als mit Dwight D. Eisenhower zum ersten Mal in der Nachkriegszeit ein US-Präsident die Bundesrepublik besucht.

Im Juli und August des Jahres 1960
ging es exotisch zu in der Bundesrepublik Deutschland:
Das thailändische Königspaar hielt hof.
Erica Pappritz, die große Dame des Protokolls, versucht sich
hier beim Hofknicks vor Königin Sirikit.

Oben: Mai 1962. Eine schillernde Persönlichkeit: Zyperns Erzbischof Makarios wird von Bundespräsident Lübke begrüßt. Unten: Hamburg, September 1962. Frankreichs Staatspräsident Charles de Gaulle mit Verteidigungsminister Franz Josef Strauß in der Hansestadt.

Oben: Bonn, Mai 1963. Bad in der Menge: General
de Gaulle und Bundeskanzler Adenauer fühlen sich sichtlich wohl.
Unten: Juni 1963. Von links: US-Präsident
John F. Kennedy, Heinrich Lübke, Konrad Adenauer, US-Außenminister Dean Rusk, Außenminister Gerhard Schröder.

Und Deine Landeskinder fürchten keine Feinde.
Lang lebe unser siegreicher Herrscher
Zum Ruhme unseres Landes.«

Im Programm waren für die Veranstaltungen siebenmal Cutaway und Zylinder, zweimal nur Cutaway, fünfmal Frack (Orden), je zweimal dunkler Anzug und Straßenanzug sowie ebenfalls zweimal dunkler Mantel und schwarzer weicher Hut vorgeschrieben. Zweiundzwanzig Personen stark war das, was man das kaiserliche Gefolge nennt, darunter sein Sohn, der Prinz Makonnen, und dessen Frau, die schöne Prinzessin Sara Guizaw (Carlo Schmid: »Sie hat ein Häutle wie Samt«), ferner ein Hofmarschall, ein Flügeladjutant und ein Hauptmann der Kaiserlichen Leibwache mit fünf diskreten Mannen. Auch Kammerzofe und Kammerjungfer für die Prinzessin fehlten nicht.

Die Draperien der phantastischen Galauniformen wirkten auf die Bonner wie das letzte Lächeln verwichener Jahrhunderte. Sie schienen einem Theaterfundus entnommen, wie sie bei Operetten benützt werden. Achtundvierzig Bonner, vom Bundespräsidenten bis zum begleitenden Schutzmann (vom Großkreuz der Königin von Saba bis zur Medaille) wurden von Kaiser Haile Selassie dekoriert.

Ein Godesberger Delikatessengeschäft, das für einen Empfang Erlesenes geliefert hatte, drapierte sein Schaufenster mit vier großen Körben Südfrüchten und vermerkte auf einem Schild im Schaufenster: »Hoflieferant Seiner Majestät des Kaisers von Äthiopien«. Die Konkurrenz, das Schild entdeckend, alarmierte einen Polizeibeamten. Die Bonner Druckerei, die für das Auswärtige Amt das Programm druckte, versah die

Festschrift mit dem Druckvermerk: »Hofbuchdruckerei X«.

Die großen gesellschaftlichen Ereignisse waren die Empfänge des Bundespräsidenten für den Negus in der Godesberger Redoute und Haile Selassies Gegeneinladung tags darauf im Kurhotel Petersberg.

Wodurch waren die Empfänge so bemerkenswert? Sie lieferten die Gewißheit, daß die »Gesellschaft« davongekommen und mit heiler Haut gerettet war. Wer erzählen wollte, daß Deutschland vor neun Jahren in Ruinen und Trümmern, Rauch und Asche untergegangen war, fand wenig Glauben. Der bundesrepublikanische Pulsschlag war wieder regelmäßig, scheinbar regelmäßig.

Den »König der Könige«, den »Auserwählten Gottes«, werden die Bonner nicht vergessen. Herrjeh, so dachten welche, uns geht's wieder gut, wir verdienen wieder Geld, wir haben wieder Stil. Kein Rudi Dutschke am Horizont war zu erblicken.

Ein Vierteljahr danach, im Februar 1955, rüstete Bonn für ein neues Schaugepränge. Wieder kam einer, der sich »König der Könige« nannte. »Seine Majestät Mohammad Reza Schah Pahlevi, Schahinschah [das heißt König der Könige] von Iran« und »Ihre Majestät Kaiserin Soraya« kamen zur Staatsvisite nach Deutschland. Sie kamen aus dem alten Persien, dem ersten Weltreich der Geschichte. Namentlich die Kaiserin Soraya, zweiundzwanzig Jahre alt (der Schah war damals fünfunddreißig, gebürtige Berlinerin, Tochter des damaligen iranischen Gesandten in Bonn, Khalil Esfandiarij, und einer deutschen Mutter, geborene Carl, Berlinerin, lieferte viel Wasser auf die Mühlen der Neugier, stiftete viel Verwirrung und entzündete besonders unter den Frauen viele Gefühlsregungen. Eine illustrierte Hintertreppenromantik hatte sich ihrer bis zur Takt- und Geschmacklosigkeit angenommen.

Wieder war es die Redoute, in die Heuss, und wieder der Petersberg, wohin das Kaiserpaar eingeladen hatte. Soraya, in blendend weißem Abendkleid, die rote Schärpe der höchsten Klasse des Bundesverdienstkreuzes kontrastreich auf dem Weiß drapiert, funkelnde Pretiosen an Armen, Hals und auf dem Haupte, war für alle Augen eine Süßspeise. Einige hundert demokratische und republikanische Notabeln, dazu das Diplomatische Korps in bunten Uniformen, waren es, die bei den Empfängen vorbeidefilierten. Da gab es Damen, über die das glückliche Aufatmen kam, als ihnen Frau Pappritz beim Eintreten diskret zuflüsterte: »Bitte keinen Hofknicks!« Kategorisch folgte die Aufforderung: »Bitte drei Meter vor den kaiserlichen Majestäten eine

Verneigung, kein Handschlag!« Wahrscheinlich wäre beim Hofknicks wohl einiges schiefgegangen, denn unseren republikanischen Zeitgenossen fehlte die Übung in der Hofetikette. Woher sollten sie auch wissen, was in der höfischen Welt der Schlösser und Paläste üblich ist.

So brachte die bürgerliche demokratisierte Gesellschaft dem Monarchenpaar, das im grellen Scheinwerferlicht in einem der Salons der Redoute die »Celebration«, das Defilee der Gäste, entgegennahm, ihre Huldigung dar. Indem die Gäste drei Meter vor dem Kaiserpaar und Bundespräsident Heuss kurz stehenblieben, versuchten sie, sanft galant, sanft verwirrt, ihre Verehrung durch eine kurze oder tiefe und mehr oder weniger elegante Verbeugung darzubringen. Manche Verbeugungen waren des Schmunzelns wert. Der Graf Carmer vom Protokoll stand im grellen Scheinwerferlicht an der Eingangstür, ließ sich die Namenskärtchen der Gäste zustecken, stieß mit einem langen Stab auf den Boden und rief die Namen lauthals in die Räume. Jedermann dachte, der völlig verschwitzte Graf, dem es in Strömen von der Glatze lief, müsse Schaden an seiner Gesundheit nehmen.

Wohl hätte Heuss dem Kaiserpaar erzählen können, daß hier im großen Rokokosaale mit kostbaren Kristallüstern und allerhand Stuckverzierungen der sechzehnjährige Beethoven konzertiert hatte, wohl hätte Adenauer von glänzenden Gesellschaften, Redouten, Karussellen, von Opern, Balletten, sicher auch von galanten Abenteuern aus der kurfürstlichen Zeit berichten können, doch einer der letzten großen Kavaliere dieser vorläufigen Bundeshauptstadt am Rhein, André François-Poncet, der französische Botschafter, fand das

Wort: »'eute werrden wir uns wieder sehr imponieren.« Konnte es wundernehmen, daß der Doyen des Diplomatischen Korps, Nuntius Erzbischof Muench, einen Schwächeanfall bekam, hinsank und nach Hause gebracht werden mußte?

Auf einem Sofa saßen die Kaiserin mit Bundespräsident Heuss, Bundeskanzler Adenauer mit Frau Hedwig Heuss und Frau Gerstenmaier. Wie Flugsand wischte das Gespräch am Ohr vorbei. Nebenan, im Beethovensaal, musizierte ein kleines Streichorchester. Die Blumen an den Decken, an den Wänden und auf den Podesten kamen überein, zu nicken, die Kriminalbeamten sprachen dem Büfett zu. Plötzlich wagte einer der Gäste, der den ganzen Abend grollend um den Bundeskanzler, seinen intimen Feind, herumgestrichen war, ein Tänzchen. »Parbleu!« nickten sich die Blumen nur zu, und mehr fiel ihnen nicht ein. Thomas Dehler hieß der einsame Tänzer.

*

Zwölf Jahre später, 1967, kam der Schahinschah wieder zum Staatsbesuch. Soraya war längst verstoßen, weil sie ihm einen Thronfolger versagt hatte, aber auch der Neugier über die Nachfolgerin, Farah Diba, ließen alle Illustrierten freien Lauf. Es wurde der spektakulärste Staatsbesuch, den die Bundesrepublik bisher erlebt hatte. Hintergründiges zeigte alsbald, daß etwas faul sein mußte im Staate Bundesrepublik. Der Schah trage eine Panzerweste, stand in den Zeitungen; nicht etwa, weil sie besonders bequem sei. Die Hamburger Firma Apfelstedt & Hornung, das tüchtige Unternehmen für die großen Bonner Staatsfeten, hatte von den Flaggen bis zu den Zeltbedachungen zwar wieder alles geliefert, aber es grollte. Der Höhepunkt des Spektakulums waren die Studentenunruhen, insbesondere in Berlin, wo es zu tätlichen Auseinandersetzungen zwischen Studenten und Polizei kam und der Student Benno Ohnesorg durch die Kugel einer Polizeipistole sterben mußte. Und unsere Herrschenden, die da oben, die im Lichte, ganz zuoberst der Schah, erlebten etwas Gespenstisches. Das Echo des Schusses auf Benno Ohnesorg ging ihnen nicht mehr aus den Ohren. Große Feten in bekannt preziösem Stil erlebten an neun Besuchstagen die Bundesbürger. Es leitartikelte zwar angemessen, aber doch leise grollend, weshalb in der Bundesrepublik so kostspielige Staatsbesuche nicht in zwei oder drei Tagen, wie in anderen Ländern, absolviert werden könnten, und der Staatsbürger fragte sich das auch. Die »Bild« dagegen berichtete, die Schahbanu habe Lippenstift und Puderdose in Lübeck vergessen, und ein Hubschrauber der Bundeswehr habe sie ihr nachgebracht.

Die Komparserie, die sich im Schloß Brühl wieder drängte, war jene Society aus Ministern, Volksvertretern, Universitätsintelligenz, Industrie, Handel und Amüsieraristokratie, die sich für Einigkeit und Recht und Freiheit in Frack und große Garderobe wirft. Jeder Statist wird nahezu zur Vordergrundfigur, selbst wenn es, wie jetzt, so Riesenempfänge mit zwölfhundert Gästen sind. Diese Bonner Prestigewelt verputzte an kalten Büfetts an diesem Abend elfhundert Flaschen Sekt und hundert Flaschen Säfte, zu welchem Behuf zwölftausend Gläser herbeigeschafft worden waren, denn das Spülen von Gläsern ist in diesem kurfürstlichen Schloß nicht möglich. Wer das Panorama der langen Tische vollständig und perspektivisch zeichnen wollte, kam nicht umhin, 25 komplette Kalbsrücken, 25 komplette Rehrücken, 250 Schüsseln der verschiedensten Salate, 100 Kilogramm Fisch mit – neben Heilbutt – ganzen norwegischen Lachsen, 400 halbierte Langusten und 3000 Brötchen zum schön dekorierten und appetitlich anzuschauenden kalten Büfett zu zählen.

Der Schah stand ganz tüchtig auf zwei Beinen. Farah Diba, wie Soraya Traum schlafloser Nächte vieler Illustriertenverleger, war etwas für die Kameras aller Klassen. Es war bei näherem Zusehen, als ob man die Schönheit des fernen Persiens bisher nicht recht gewürdigt hätte, wenn man dieser Frau beim Defilee und beim Handschlag ins Auge sah. Auch sie stand auf ihren zwei Beinen.

Der Bonner Polizeipräsident Dr. Valentin Portz und Bonns Schutzpolizeidirektor Hermann Bachor, ruhige, abgeklärte, in Staatsbesuchen erfahrene Männer, bekamen statt eines Ordens einen Handschlag nebst silbernem Zigarettenetui als Präsent vom Schah, als das Kaiserpaar von Bonn aus eine Deutschlandreise antrat. Der Eindruck, daß etwas nicht stimmte bei diesem Staatsbesuch, mußte den Verantwortlichen wohl selbst aufgegangen sein, denn sonst hätte Nordrhein-Westfalens Innenminister Weyer nicht sagen können, der Schah habe selbstverständlich Anspruch auf polizeilichen Schutz und er richte »an die verantwortlichen Bonner Stellen die dringende Bitte, dafür zu sorgen, für die Besuche in den verschiedenen Orten entweder Hubschrauber oder Sonderzüge zu benutzen«. Stundenlange Sperrungen von Straßen seien nicht zu verantworten.

Die Polizeien aller Bundesländer, die das Schah-Ehepaar besuchte, gaben dem Besuch eine besondere Würze. Nicht nur Autobahnen, auch der Rhein als Wasserstraße, die Münchner, Berliner und Hamburger City und alle Stadtdurchfahrten, die die Gäste passierten, erfuhren zum Teil rigorose und mehrstündige Sperren. Es lag in jeder Beziehung etwas in der Luft. Der Luftraum über der Bundeshauptstadt schien besonders gefährdet. Sobald der Schah unterwegs war, knatterten die Hubschrauber im Verbandsflug über der Rheinlandschaft. Sie flogen Aufklärung, und es sah bedenklich nach Frontnähe aus. Jeden Augenblick rechnete man wohl mit gegnerischen Fallschirmjägern.

Im Bereich der Bundeshauptstadt waren allein viertausend Polizeibeamte eingesetzt. Es ist wahr, daß polizeiliche Maßnahmen oft diffizilen Charakter haben. Manchmal benehmen sich Studenten schlecht, manchmal benimmt sich die Polizei schlecht. Polizeiknüppel sind nie Argumente. Man sollte Polizei nicht immer mit der Obrigkeit identifizieren, obwohl das naheliegt. Der Kranz, den der Schah am Bonner Ehrenmal »Für die Opfer der Kriege und der Gewaltherrschaft« niederlegte, mußte bewacht werden, was in der Tat grotesk und eine Satire war. Der Kranz einiger polemischer Studenten mit den Schleifen »Für die Opfer des Schah-Regimes« und »Den Opfern der Schah-Tyrannei«, den man neben den Schah-Kranz legen wollte, war bald dahingewelkt.

Absperrungen und polizeiliche Maßnahmen sind selten populär. Einem herumreisenden Monarchen sollten alle Ehren und alle Höflichkeit, die ihm gebühren, gewährt werden. Aber wenn man schon meinte, einen solchen Monarchen aus Sicherheitsgründen im Hundertkilometertempo durch enge Städte sausen lassen zu müssen – ein bißchen mehr Maß, so wurde den Herren von den Meldeköpfen, Sicherungsgruppen, Polizeidirektionen, Innenministerien und Protokollabteilungen geraten, sollte man für künftige Fälle ins Auge fassen.

1956 mußte die kleine Bonner Residenz mit den Präsidenten Achmed Sukarno aus Indonesien, Jawaharlal Nehru aus Indien und William Tubman aus Liberia fertig werden. Wo nichts ist, da hat der Ironiker sein Recht verloren. Sukarno, ein großer Frauenheld, der über vier rechtmäßig angetraute Frauen verfügte, aber sich einer Vielzahl von schönen Frauen zu widmen pflegte, kam ohne sie nach Bonn. Frauen waren bei Sukarno gewissermaßen eine staatliche Einrichtung, aber das Protokoll des Auswärtigen Amtes ließ es dabei bewenden: Man habe keine, trug man dem Herrscher des 81-Millionen-Volkes vor, und außerdem gebe es in Deutschland keine Unterleibeigenschaft, zitierte der Protokollchef den toten Karl Kraus.

Die Beobachtung, daß nicht Menschen, sondern Autos Ehrenbezeigungen erwiesen werden, war entmutigend und bedrückend, als Adenauer im Juli 1956 für Nehru und seine Tochter Indira Gandhi im Palais Schaumburg einen Empfang gab. Die beiden Grenzjäger des Bundesgrenzschutzes präsentierten vor jedem Wagen, der mit Stander vorfuhr, also auch vor den Staatssekretären und Generalen, aber sie präsentierten nicht vor dem Wagen des Nobelpreisträgers, obwohl der alte Herr den Pour le mérite, den für den Frieden, und das Eiserne Kreuz Erster Klasse aus dem Ersten Weltkrieg auf dem Frack trug. Wie sollten sie auch! Dem Nobelpreisträger, Otto Hahn mit Namen, stand kein Stander zu.

Man verlustierte sich im Garten des Palais Schaumburg, 350 Menschen. Welten lagen offensichtlich zwischen Nehru und Adenauer, und nur skeptische Altersweisheit war vielleicht das einzig Gemeinsame der beiden Männer. Was auf der überdachten Terrasse und im Park plauderte und durcheinanderwogte, waren alles Herrschaften, deren Arme weit reichten. Zum ersten Male registrierte das staunende Auge Auszeichnungen aus dem letzten Kriege (natürlich »ohne«). Kein Argument schlug durch wie dieses: Es konnte sich ja nur noch um kurze Zeit handeln, bis das Ordensgesetz durch sein würde. Nur der Abgeordnete Dr. Mende trug sein Ritterkreuz noch nicht, da er, auf Befragen anmerkend, sich den Termin vom Gesetzgeber nicht vorschreiben lasse. Aber einige, wie gesagt, gingen kräftig mit der Zeit, indem sie dem Ordensgesetz vorauseilten. Viel schöner Frauen holde Zier lieferte die arabesken Zutaten zu diesem Abend. Im Füllhorn ihrer Schönheit fielen die zartgliedrigen Damen der Inder in ihren farbenfreudigen Saris auf; die indischen Männer trugen den hochgeschlossenen, dreiviertellangen schwarzen oder braunen Rock, den Scherwani, darunter die engen, weißen Hosen. Nehru war schließlich von Adenauers Schwiegersohn Walter Reiners, Nehrus Tochter Indira Gandhi vom Kölner Oberstadtdirektor Max Adenauer mit Beschlag belegt.

*

Es blieb den beiden kleinen »Fräulein«, wie sie im Programmheft des Auswärtigen Amtes genannt wurden, Willehmenia Tubman und Bankie King, nichts anderes, als zu lächeln. Sie lächelten, als sie die Riesengestalt des Vizekanzlers Blücher vor sich stehen sahen, von dem es doch hieß, er habe zwei Tage vorher sein Ministerportefeuille dem Bundeskanzler zur Verfügung gestellt. Sie lächelten wohl über seinen Zylinder, den er mitsamt den Lederhandschuhen in der Linken trug. Daß er nur noch »geschäftsführend« war, konnten die beiden reizenden Negermädchen, beide zehn Jahre alt, beide mit gelben Schleifchen in pechschwarzen Hängezöpfchen, nicht wissen. Soviel Würde hatten sie wohl noch nicht erlebt.

Willehmenia war das Töchterchen des Präsidenten der Republik Liberia von der afrikanischen Westküste, Bankie ihre Freundin. Beide gehörten mit einer Kinderschwester zum Gefolge des Präsidenten Tubman, der im Oktober 1956 mit einem Sonderzug aus Paris kam, um als Gast der Bundesregierung eine Woche lang in Deutschland zu bleiben. Vielleicht dachte Willehmenia beim Anblick so vieler Zylinder, nie wieder als Präsidententochter auf die Welt kommen zu wollen. Ein Meer von Fahnen und viel Publikum und im bunten Mosaik eine Ehrenkompanie der Bundeswehr erblickten die Gäste aus Afrika vor dem Bonner Bahnhof.

Das alles war unbeweglich, bis die beiden Nationalhymnen verklungen waren, wobei es im Text der liberianischen etwas wehmütig heißt: »Wir rufen aus die Freiheit einer umnachteten Rasse. Lang lebe Liberien, glückliches Land.« Dann kamen die Kommandos des Bundeswehroffiziers, und Bundespräsident Heuss schritt mit Präsident Tubman die Front ab. Es blieb zu erkennen, daß unser Staatsoberhaupt den Bundeswehrsoldaten, die langsam ihre Köpfe gehen ließen, nicht in die Augen schaute. Und es blieb anzudeuten, was für ein großartiger Zivilist der Heuss war.

Mikojan, die erste Schwalbe

Bei Swift können die Politiker seilspringen. Zweieinhalb Jahrhunderte nach Swift können sie seiltanzen. Zweieinhalb Jahre nach Adenauers Moskaubesuch kam, im April 1958, der stellvertretende Sowjet-Ministerpräsident Anastasias Mikojan, Stellvertreter des damals noch allmächtigen Nikita Chruschtschow, nach Bonn. Trotz allen Bemühens gelang es im nächsten Jahrzehnt Adenauer, Erhard und Kiesinger nicht, einen sowjetischen Ministerpräsidenten an den Rhein zu holen. Der kalte Krieg tobte, der Seiltanz in der Politik war nicht zu übersehen.

Herrn Mikojan gebrach es, wie es schien, während der ganzen Tage nicht an fröhlicher Laune. Er war ein witziger Mann mit natürlichem Charme und von einer Art veredeltem Naturburschentum. An seinem Rock trug er an allen Tagen die »Goldene Medaille ›Sichel und Hammer‹ der Helden der Sozialistischen Arbeit«.

Schon im Sonderzug von Frankfurt nach Bonn hatte ihn der Weinbau an den Steilhängen im Rheintal sehr interessiert. Nein, solche Felsenwände brauche man im Kaukasus und auf der Krim nicht mit der Rebe zu bepflanzen, dafür habe man doch mehr Land. Rußland sei ein sehr großen Land, er wiederholte: sehr groß. Auf der Pressekonferenz in Bonn ließ er wissen, daß er nicht gern als Melancholiker angesehen werden möchte, und auch ein griesgrämiger Geist sei er keineswegs. Der Wein, den er bei Herrn Adenauer bekommen habe, sei vorzüglich, das Gespräch mit dem deutschen Bundeskanzler sehr nützlich gewesen.

Die Kapitäne von Rhein und Ruhr drückten Herrn Mikojan die Hand. Einfache Dinge pflegen sie auch heute noch nicht verwickelt auszudrücken, wie es Diplomaten gern tun. Sie machten, wie es scheint und wie sie es durch ihre Anwesenheit zu bekunden gedachten, ganz gern Geschäfte mit den Sowjets. Sentiments und Ressentiments wurden zum alten Eisen geworfen. Sie wollten produzieren und exportieren. Man sah die Herren Wolff von Amerongen, Beutler, Beitz und Abs, Jakopp, Mommsen, Berg und Menne. Wie der Bundesverteidigungsminister Strauß in der Godesberger Redoute mit Mikojan parlierte, wie sich Adenauer und Ollenhauer im Bonner »Königshof« unter den teilnahmsvollen Blicken Mikojans vor der breiten russischen Tafel mit der ganzen Üppigkeit des kalten Büfetts die Hände schüttelten und über das stilvolle Hammer-und-Sichel-Emblem auf dem Hühnerbraten Betrachtungen anstellten – das alles gehörte zur Kategorie Seiltanz in der Politik. All den wichtigen Leuten, die beim Empfang des Botschafters Smirnow im »Königshof« die kalten Büfetts binnen einer halben Stunde nahezu leergeputzt hatten, hätte man gern zugerufen: »Hat's geschmeckt?« Mikojan war die erste Schwalbe aus der Sowjetunion. Er ist es – damals – geblieben.

Bayar und der erste Zapfenstreich

Zeit, Ort, Ablauf, Gesichter, Vokabeln, Gespräche – es ist immer das gleiche bei den Staatsempfängen. Doch dieser, im Mai 1958, war anders. Dieser, im Schloß Brühl, galt dem türkischen Staatsbesuch, dem Staatspräsidenten Celâl Bayar und dem Ministerpräsidenten Menderes. Gastgeber war Bundespräsident Heuss. Festprunk zu entfalten, Pracht und Aufwand etwas höher zu treiben, als es der Haushaltsausschuß des Bundestages später genehmigen will, darin hatte man in Bonn schon damals Erfahrung.

Der Glanzpunkt war um Mitternacht der prachtvolle, mit allegorischem Schauspielspektakel verbundene Große Zapfenstreich, ausgeführt vom Lehrmusikkorps und vom Bonner Wachbataillon der Bundeswehr. Hoch ging es da her. Das hatte man bisher noch keinem Staatsbesuch geboten. Den Türken und den alten Militärs ging das Herz hoch, den fremden Diplomaten stand es einen Moment still. Vielleicht fiel einigen gerade das Datum dieses Tages, der 8. Mai, ein, und sie rechneten nur dreizehn Jahre zurück.

Tausend und abertausend Kerzenlichter illuminierten den nächtlichen Garten am Südflügel hinter der Orangerie, den ein französischer Gartenkünstler, der auch Schöpfer der Gärten von Nymphenburg und Schleißheim war, vor zweihundertdreißig Jahren schuf.

Auf der offenen Terrasse hatten sich viele hundert Gäste versammelt. Es war kühl, aber nicht zu kühl. Sogar Sterne ließen sich am nächtlichen Himmel sehen. Bundespräsident Heuss saß mit seinem türkischen Kollegen unter einem Baldachin, Heizsonnen strahlten die Herren an.

Es machte sich natürlich wunderlich, vor der Fassade dieses prächtigen Rokokoschlosses, das den Stand der höfischen Kunst und Kultur der Kurfürstenzeit zeigte, dieses militärische Schauspiel zu erleben.

Was die Schaulust reizte, waren besonders viele Orden, zahlreiche Offiziersuniformen der Bundeswehr und, versteht sich, das Gala der Damen. Man konnte fast sagen, daß das Mannsvolk an Wohlgefallen und Eifer für Ordensputz und Ordenszierat den Damen nicht nachstand. Auch das Ritterkreuz als Halsorden war mehrmals zu sehen, erstmalig bei Erich Mende.

Vom Vestibül des Schlosses über Balthasar Neumanns berühmtem Treppenhaus, auf dessen Mittelpodest eine Streichmusik postiert war, bis in die großen Repräsentationsräume des ersten Stocks, in Sälen und Gemächern erlebte man das Wechselspiel zwischen Sehen und Gesehenwerden. Alle Beschädigungen des Schlosses vom letzten Kriege waren behoben. Ein bißchen Schauerromantik gehörte auch noch dazu, wenn man sich erzählen ließ, mit wieviel Schulden die Kölner Kurfürsten das Schloß bauen ließen. Ihre Kurfürstlichen Gnaden von Köln, die gern als Pumper und Borger nach Versailles zogen, gaben immer ein bißchen mehr aus, als sie hatten.

Auch bei diesem Empfang ging es fast im Stile bourbonischer Galanterie zu. Die Deutschen versuchten den Türken, die Türken den Deutschen Artigkeiten zu sagen. Zwischen Deutschland und der Türkei gibt es kaum zerstörbare Wertschätzung. Die Türken sind ein tüchtiges Volk. Und Deutschland ist ihnen nicht nur ein Gegenstand gelegentlicher und freundschaftlicher Betrachtung, sondern sie haben, wie es Adenauer bei seinem Staatsbesuch 1954 in der Türkei, Heuss bei seinem Staatsbesuch 1957 erfuhren, eine alte Zuneigung zu den Deutschen.

Als wohlgekleidete Edelknaben tauchten auch ein paar Journalisten am kalten Büfett auf. Den feineren Gesprächen abhold, fanden sie nach dem Großen Zapfenstreich noch einmal zum moderneren Hofton zurück: »Schauen wir noch mal zum Obstsalat«, sagten sie.

Gespenstisch war die Pointe dieses Staatsbesuches. Drei Jahre danach wurden Bayar und Menderes zum Tode verurteilt. Bayar wurde begnadigt und starb erst 1986 im Alter von hundertvier Jahren, Menderes hingerichtet. Sic transit gloria mundi!

Der Argentinier Frondizi zu Besuch

Auch der nächste Staatsbesuch – im Sommer 1960 kam Staatspräsident Frondizi aus Argentinien – erlebte das Lateinerwort von der Herrlichkeit der Welt, nur nicht so exemplarisch wie die Türken. Auch Frondizi wurde später geschaßt. Aber wieder gab es viel Positives beim Empfang in Brühl. Ein warmer Regen von achtundvierzig Orden ging auf die Deutschen, Gerechte und Ungerechte, nieder. Vizekanzler Erhard hatte mehr Orden auf der Brust, als die Volkswirtschaft Theorien hat. Alfried Krupp von Bohlen und Halbach sah man mit dem Nobelpreisträger Professor Forssmann und dem Sowjetbotschafter Smirnow, der als einziger Botschafter noch die alte Diplomatenuniform trug. Ein Militärattaché mit Sporen, mit denen er beim Absitzen von seinen achtzig Pferdestärken den Lack abkratzte, trug Epauletten wie ein Mann aus der »Csardasfürstin«.

Beim Gang durch das Schloß begegnete einem der Rector magnificus der Bonner Universität, der Historiker Braubach, der zu erzählen wußte, daß der Erbauer des Schlosses, Kurfürst Clemens August, einige Qualitäten hatte. Clemens August war nicht nur ein großer Kunstmäzen in der rheinischen Landschaft, sondern der Herr Erzbischof war auch sonst noch ein bißchen ein munterer Herr. Er errang noch nachträglich einigen Publikumserfolg, als 1961, bei der zweihundertjährigen Wiederkehr seines Todestages, in einer Ausstellung im Schloß Brühl das Bildnis einer schönen Frau zu sehen war, der Gräfin Hollenstein. Just diese Dame, der Professor Braubach hatte es herausbekommen, war – voila! – die leibliche Tochter des Kurfürsten. Auch der große Abenteurer Casanova gehört in das Fach »Historie«. Genau zweihundert Jahre vorher, Anno Domini 1760, war er, von Holland kommend, am Hofe des Kölner Kurfürsten und hatte ein »üppiges Abenteuer mit der Bürgermeisterin von Köln«. Gratis bekam man gegen Mitternacht noch das folgende Bild: Junge Attachés bei den Resten des kalten Büfetts.

Mohammad Ayub Khan, der Feldmarschall

Der Umstand, daß im Januar 1961 der pakistanische Staatspräsident und Feldmarschall Mohammad Ayub Khan schon krank in Bonn ankam – er hatte Fieber –, genügte nicht, das Programm zu kürzen. Ob es das Protokoll wollte oder nicht, ob es Präsident Ayub Khan wollte oder nicht – es ist die Funktion eines Programms, genau abzulaufen. Ein Aufatmen geht durch die Funktionäre der zuständigen Ämter, die alles zu arrangieren haben, wenn der Staatsgast am letzten Tage die Gangway hinauf in den Bauch des Flugzeuges klettert und eine obligat winkende Hand zum letzten Male zu sehen ist.

Die gleiche Hand hat meist in Bonn kassiert. In unserem Falle war es die Hand des mit Ayub Khan reisenden Finanzministers Mohammad Shoaib. Jener Satz Ayub Khans kurz vorher, die reiche Bundesrepublik habe es noch nicht gelernt, Entwicklungshilfe richtig zu gewähren, war ein bißchen hart gewesen, aber Lübkes Empfang in der Bonner Beethovenhalle und Ayub Khans Empfang tags danach in der Redoute ließen so harte Brocken schnell verdauen.

Interne Kämpfe hatte es zwischen dem Bundesverteidigungsminister und dem Auswärtigen Amt gegeben, weil zu dem Empfang des Bundespräsidenten in der Beethovenhalle nur ein General, nämlich Generalinspekteur Heusinger, und zwei Oberstleutnante der Bundeswehr eingeladen waren. Sie machten sich sehr einsam inmitten der 650 Gäste. Der Hinweis der Militärs, daß Staatspräsident Ayub Khan auch Feldmarschall, also einer der ihren sei, hatte das Auswärtige Amt nicht veranlassen können, mehr Herren der Bundeswehr einzuladen. Dafür hatten die Pakistani ihrerseits für den nächsten Abend in die Redoute allein zwölf Bundeswehrgenerale eingeladen. Hier sah man, wie bitter von den Soldaten damals gefochten werden mußte, um sich wieder Anerkennung zu verschaffen. Mehr gefragt als sie waren die Befehlshaber von den Kommandoständen der Wirtschaft und der Industrie, die Kommandeure der Massenkommunikationsmittel, die alle durch Einladung und Teilnahme ihre Reputation bestätigt bekamen.

Die Herrenpartie für Kennedy

Es sollte, wie es die Diplomaten ausdrückten, ein »Kennedy-Arbeitsbesuch« werden – die Rheinländer machten »Kennedy-Festspiele« daraus. Am Rhein wurde besonders kräftig gejubelt. Hundert volle Häuser würde Hauptdarsteller Kennedy gehabt haben. Es war im Juni 1963, einige Monate vor seiner Ermordung.

Es gab im Palais Schaumburg einen Empfang für 240 Würdenträger; zuvor, für sechzig von ihnen, ein Abendessen. Jedem, der teilnehmen durfte, hat es nicht an der Karriere geschadet, eine Einladung bekommen zu haben. So gab es zahllose wichtige Leute, die sich vergebens bemüht hatten, eingeladen zu werden. Es war eine Herrenpartie für den amerikanischen Präsidenten, der jeden mit Handschlag begrüßte. Gastgeber: Bundeskanzler Adenauer.

Am stärksten war die Fraktion jener, von denen nur wenige je um Stellung oder Einkommen besorgt sein müssen. Sie vertraten das große Geld. Jeder Name war ein Programm. Beim Essen waren plaziert: Abs, Menne, Hallstein, Berg, Schneider, Paulssen, Blessing, von Falkenhausen, Dr. Friedrich, Friedrich Karl Flick, Rodenstock, Sohl. Beim Empfang waren die Herren Andrews, Birrenbach, Butschkau, Dietz, Hitzinger, Mommsen, Münchmeyer, Nordhoff, von Schröder, Stödter, Vits, Wenhold, Wolff von Amerongen, Heyne, Ochel, Overbeck, Stein, Wurster, Hansen, Müller, Reuter, Kaletsch, Henkel, Ferry von Berghes, Pohle, Merkle. Zahlen und Ziffern auf ihren Einladungskarten gedruckt, das hätte die Zahl vieler Milliarden ergeben. Zwischen ihnen zu wandeln war verwirrend. Alles, alles ehrenwerte Herren!

Auch was die Politik anlangte, war die Sache in Ordnung: Bundestagspräsident Gerstenmaier, Bundesratspräsident Kiesinger, die Ministerpräsidenten Meyers, Zinn und Berlins Regierender Bürgermeister Brandt, die Professoren Heisenberg, Butenandt und Hess saßen zu Tisch. Die Wichtigkeit der Bundesminister für die Amerikaner ließ Nuancen erkennen: Schröder, Erhard, Dahlgrün, von Hassel, Lenz, Scheel, Krone und Schwarz saßen an der Tafel. Finanzminister Dahlgrün, sehr dunkel: »Das war das teuerste Abendessen meines Lebens.« Sonst waren Präsidenten, Vizepräsidenten, Kaisen-Bremen, Nevermann-Hamburg, Professoren, Staatssekretäre, zwei Bischöfe verschiedener Couleur, die höchsten Beamten des Bundeskanzleramtes und des Auswärtigen Amtes, drei Söhne und drei Schwiegersöhne des Bundeskanzlers Adenauer und der Chefredakteur von Deutschlands größtem Groschenblatt anwesend. Die aufrechten Würdenträger kamen zu sehr positiven Urteilen. Gastgeber Adenauer verwies beim Trinkspruch auf den spontanen Beifall, den Amerikas Präsident überall erfahren habe. So spontan sei er auch wieder nicht gewesen, wenn er an die vielen Fähnchen der Schulkinder denke, augenzwinkerte Kennedy dreideutig zurück. Aber das Schwenken der Fähnchen, so wieder Adenauer, sei doch aus dem Herzen der Menschen gekommen.

Den Park des Bundeskanzleramtes hatte man mit verblüffenden Lichteffekten versehen. Auf dem Rhein wurde am späten Abend etwas Pyrotechnik, buntes Feuerwerk, geliefert, nicht viel, aber doch wieder so viel, daß Kennedy etwas davon mitbekam. Oben hing dünn und dürftig die Mondsichel, und auf dem Rasen des Parks stand um die Mitternacht, einsam und mit der Bitte um Totschweigen, die Smokingfliege schief unterm Kinn, Berlins Regierender im Tête-à-tête mit einem sehr wichtigen Amerikaner. Herr Brandt zum sehr wichtigen Amerikaner: »Macht sich das Bundeskanzleramt von hinten nicht auch sehr schön?«

Ein Monumentalfilm mit Charles de Gaulle

Viel Ungemach kam im Spetember 1962 ins Land, als Charles de Gaulle auf dem Flugplatz Wahn deutschen Boden betrat. Der statiöse Mann, ein Bild von einem Riesen, dem beim öffentlichen Auftritt noch das Pathos der Antike geläufig war, setzte mit seinem Erscheinen eine Sicherheitsmaschinerie in Gang, die ihresgleichen in der Bundesrepublik noch nicht hatte. Eisenhower, als er einige Jahre vorher als Präsident der Vereinigten Staaten nach Bonn kam, setzte 1500, Mikojan, Chruschtschows Stellvertreter, 2500, Kennedy 3500, Charles de Gaulle aber 4500 Polizeibeamte allein im Raum der Bundeshauptstadt in Bewegung. Die Beschaffenheit dieser Sicherheitsmaschine reichte aus, das Komparsenheer für einen Monumentalfilm zu liefern. Die Sicherheitsmaßnahmen spielten sich zwar auch hinter den Kulissen ab, und mehr als 1500 Kriminalbeamte machten das deutlich, sonst aber hatte das Publikum zu den Szenen dieses Monumentalfilms weitgehend freien Zutritt: Mitwirkung war sogar ausdrücklich erwünscht. Da die Rheinländer allzeit sehr viel mit ihren Augen anzufangen wissen, das Schaugepränge lieben und immer auch eine uneingestandene Schwäche für Westwind haben, konnte de Gaulle mindestens mit den Rheinländern zufrieden sein, als er dieses Deutschland-Abenteuer hinter sich gebracht hatte.

Der Bonner Besuch gipfelte in jenem Empfang, den Bundespräsident Heinrich Lübke und Frau Wilhelmine Lübke, die die Gastgeber für den gesamten Deutschlandbesuch de Gaulles waren, im Schloß Augustusburg in Brühl gaben. Von 2600 Eingeladenen hatten 2000 zugesagt. Sigismund von Braun inszenierte hier, bevor er einige Tage später als UN-Botschafter gen New York zog, sein letztes Stück.

Das Schauspiel des Empfangs begann mit der Einfahrt de Gaulles ins Schloß über den Schloßhof. Am Nordeingang des Haupttraktes fuhr der französische Staatschef hinein – es waren drei Wagen mit de Gaulle, Außenminister Couve de Murville und Botschafter de Margerie. Im Untergeschoß des großartigen Balthasar-Neumann-Treppenhauses empfing sie der bereits anwesende Bundespräsident Lübke.

99 Gäste saßen zwei Stunden vor dem Empfang beim Galadiner. Die Aufzählung der fünf Gedecke, zwölf Minuten je Gedeck, ist kein Nonsens: 1. Filet de Truite à la Walterspiel, 2. Consommé double royal, 3. Kalbsrücken Metternich, 4. Staudensellerie mit Mark, 5. Wiener Rahmgefrorenes, dazu ein Sekt, der »Alte Exzellenz« hieß, ein Rotwein und zwei Weißweine. Von einer Empore kam Streichmusik. Zu den Kuriositäten gehörten die Kriminalbeamten, zum erstenmal im Frack. Im Schloßpark allein waren außer den zahllosen Uniformierten 140 Kriminalbeamte, die um das Geschehen quasi rotierten. Manche der Gäste, denen die Zahl der Sicherungsbeamten nicht genügte, versuchten vorher noch, ihre Lebensversicherungspolicen zu studieren.

Was mußte Sigismund von Braun, der Protokollchef, vorher alles prüfen? Von wo kam im Audienzsaal, wenn das Defilee vonstatten ging, der Luftzug? Der Bundeskanzler, sechsundachtzig Jahre alt, würde das ganze Defilee nicht mehr durchstehen, sondern sich vorher setzen wollen. Wo stehen die Fotografen und Kameramänner? Wo sind – pardon – die Retiraden für die Herrschaften? Brechen die original Rokokostühle nicht zusammen, wenn sich die Leute darauf setzen? Und wie meldet nachher, beim Großen Zapfenstreich, der Kommandeur dem Gast und dem Gastgeber? Meldet er »Exzellenz! Herr Bundespräsident!« oder »Herr Bundespräsident! Exzellenz!«? Die Prozedur der Generalprobe des Großen Zapfenstreichs ging schon einen Tag vorher, im Schloßgarten vor sich: 82 Musiker der Bundeswehr und 120 Soldaten, davon je ein Zug Soldaten des Heeres und der Luftwaffe unter Waffen, ein Zug Marinesoldaten als Fackelträger. Das Musikkorps des Wachbataillons mußte seitdem nahezu für gemeinnützig erklärt werden; es gab sein Bestes. Manche Stimmungsströme mußten beim Zapfenstreich ineinanderfließen, wenn nach dem Locken, dem langen Wirbel mit Zapfenstreich-Marsch, eingebaut zwei französische Militärmärsche, Retraite, Gebet und Nationalhymnen folgten, zuerst die französische, dann die deutsche – Mitsingen des Textes war erbeten. Der mit Erwartung zelebrierte Zapfenstreich konnte nur genossen werden, indem man vom sicheren Port des Schlosses den Soldaten im Garten sein Mitgefühl entgegenbrachte; es goß nämlich in Strömen, und insofern war das exakte Spiel eine Pleite; Ströme von Regen mußten die Bläser aus ihren Instrumenten kippen.

In General de Gaulles Gesicht war nach ein paar Tagen der Stolz auf eine gewonnene Schlacht zu lesen. Wo er auftrat und mit der Gebärde des klassischen Pathetikers um die Deutschen warb, merkte er bald, wie sehr ihm und seinen Franzosen die Deutschen nunmehr geneigt waren. Der Jubel der Menschen am Rhein, in Bonn, Köln, Düsseldorf und Duisburg, war nichts Verhaltenes mehr. Indes: Die Rheinländer bogen das Ereignis ins Heitere, nahezu ins Karnevalistische um. Das war kein Kunststück: Sie spürten, wie ein Bart sie kitzelte. Der rheinische Jubel vom September 1962 soll nicht verkleinert werden, aber man durfte ihn in seinem Gehalt ruhig etwas reduzieren. In Köln wurde ein Stückchen Naturgeschichte des Rheinländers offenbar. »Mr jonn jetz jubele!« – »Wir gehen jetzt jubeln!« – rief ein Kölner auf dem Anmarschwege zum Gürzenich. Als er des langen Generals da oben auf dem Podest ansichtig wurde, kam ihm der Spaß an der Freud', es überfiel ihn der Jux. De Gaulle? Der Gaul? Das Pferd? »la Pääd« übersetzte er drastisch und unübertrefflich. La Pääd – von nun an war auf das Ganze auch die Schutzmarke »Karneval« geklebt. Es hätte nicht viel gefehlt, und in Köln hätte die unübersehbare Menge geschunkelt. Schließlich wurde auch der Witz laut. Charles de Gaulle wurde »Napoleon der Fünfte« getauft. »Wieso der Fünfte? Einen Vierten gab es doch nicht!« – »Der Mann ist viel zu groß, der reicht für zwei Nummern.«

Drei Jahre danach wußten es die Deutschen, daß die deutsch-französische Union in die Binsen gegangen war.

Bonner Mysterien, Bonner Empfänge. Die Lage war noch nie so ernst – es fanden sich immer welche, die über die Ungunst der Zeiten klagten. Trostlos zu denken, daß es keine Staatsbesuche mehr geben würde. »Establishment« war noch ein Fremdwort.

Es kamen in den fünfziger Jahren noch König Paul und Königin Friederike von Griechenland. Es kamen noch – 1963 – der afghanische König Mohammad Zahir Schah mit seiner Königin Homeira, er mit glattrasiertem Yul-Brynner-Schädel. Und es kamen noch König Bumiphol und seine schöne Sirikit aus Thailand und – 1964 – der König aus dem Himalaya-Königreich Nepal: Mahendra Bir Bikram Shah Deva und Königin Ratna mit den beiden Prinzessinnen Shanti Shah und Sharada Shah. Der Minister für Entwicklungshilfe, Walter Scheel, war jeweils den Herrschaften attachiert, ihnen gewissermaßen als Begleiterscheinung beigegeben. Es gehörte zu den Annehmlichkeiten des Hofberichterstatters, für Unannehmlichkeiten, die bei solchen Staatsbesuchen unterliefen, nicht verantwortlich zu sein. Er konnte unbedenklich sagen und schreiben, daß Scheel immer viele Millionen los wurde; nicht etwa, daß der König von Nepal zum Beispiel in Bonn ein Jagdzelt, vom Ministerpräsidenten in Düsseldorf zusätzlich eine Jagdbüchse als Geschenk bekam. Einer der vielen Könige bekam auch eine Jagdeinladung auf Schwarzwild. Ein starker Keiler, halb zahm, Fritz mit Namen, den man mit Mais angekirrt hatte, lag bald auf einem Wildacker des Prinzen Heiner Sayn-Wittgenstein-Berleburg auf der Schwarte, aber nicht vom König war er erlegt worden, sondern vom stellvertretenden

Protokollchef Johannes Graf Welczeck, dem er zufällig gekommen war und der wieder einmal sein geflügeltes Wort benutzen konnte: Der Teufel steckt im Detail.

Leicht hatte man's nicht mit den vielen Staatsbesuchen aus Schwarzafrika und aus dem Maghreb mit dem König Hassan II. von Marokko, Präsident Habib Bourgiba von Tunesien und König Hussein I. von Jordanien. Im Sommer 1967 kam mit dreißigköpfigem Gefolge der Staatspräsident der Republik Elfenbeinküste, Félix Houphouet-Boigny. Vermehrten Eifer gab es um seine Frau, »la belle Therese«. Es gab kein öffentliches Ärgernis wie beim vorherigen Staatsbesuch, dem des Schahinschah und der Kaiserin Farah Diba – die Bonner Studenten machten von der hochsommerlichen Chance Gebrauch, in die Freibäder zu verschwinden.

Park Chung Hee, Präsident von Südkorea, und der »Cousin der Deutschen« aus Wien, wie er sich nannte, Bundespräsident Adolf Schärf, waren noch da. Viel Gala aber gab es im Mai 1965 um »Elizabeth die Zweite, von Gottes Gnaden Königin des Vereinigten Königreichs von Großbritannien und Nordirland und Ihren anderen Reichen und Territorien, Haupt des Commonwealth, Verteidigerin des Glaubens«. Dies war nun im Schloß Brühl der größte Empfang, den die bundesrepublikanische Zeit sah. Da waren die 2000 Gäste bei de Gaulles Empfang nur ein Pappenstiel. Bei Elizabeth waren es in Brühl 2900. Ins Kurhotel Petersberg, wo Elizabeth wohnte, lud sie am Abend danach 620 Gäste ein.

Daß die Einrichtungen von Gottes Gnaden so unvollkommen sein können wie die menschlichen Einrichtungen, hatte man bald heraus. War die Königin kurz vor Mitternacht nicht etwas abgespannt? Sie strahlte auf ihre diskrete Art und konnte nichts dafür, obschon es erst der zweite Tag ihrer Deutschland-Strapazen war, daß ihr gegen Mitternacht etwas Müdigkeit angeflogen kam. Die Strenge der Vorschriften, Würde auszustrahlen, ließ sie keinen Augenblick außer acht. Sie wirkte durchaus nicht wie eine Heroine, wie einst ihre Ururgroßmutter, nach der man ein Zeitalter benannte, ganz im Gegenteil. Es hat eine eigentümliche Bewandtnis mit Königin Elizabeth. Sie ist frauenhaft zart, kleiner als man vermutet und in der Unterhaltung von verblüffender Natürlichkeit; es geht große Wirkung von ihr aus.

Die Weisung, die Königin nicht zu berühren, ihr weder einen Handkuß zu geben noch sie anzusprechen – man wird von ihr angesprochen –, wurde beachtet. Aber es war natürlich viel Schmunzelnswertes dabei, als es um den Hofknicks ging. Engländerinnen haben das offenbar mit in die Wiege bekommen. Aber auch manche deutsche Republikanerinnen konnten es nicht sein lassen. Mit großer Bravour vollzogen sie einen Knicks. Im nachhinein darf man es erzählen: Es passierten keine Karambolagen und Unglücksfälle.

Zum Anschauungsunterricht zählte nicht nur die Königin, auf dem Petersberg in champagnerfarbenem Duchessekleid mit einem Kollier mit Brillanten und Saphiren, sondern auch Prinz Philip. Auch bei ihm wären die Gäste gern etwas Applaus losgeworden, namentlich die Damen. Auch er war von großer Unbefangenheit und Glaubwürdigkeit. Auf dem Petersberg hatte man schon manche fremdländischen Monarchen gesehen, einschließlich der dazugehörigen schönen Frauen. Aber nur bei den Briten hatte man das Gefühl, daß sie nicht aus Luftschlössern kamen. Sogar etwas Wehmut konnten die Deutschen angesichts dieser

Monarchin loswerden. Möglicherweise, so sinnierten der Republikaner Thomas Dehler und der sozialdemokratische Bevollmächtigte von Berlin, Senator Klaus Schütz, wäre uns der Mann, der sich 1945 als Benzinwölkchen empfahl, erspart geblieben, wenn wir nach dem Ersten Weltkrieg die Monarchie behalten hätten.

Die deutsche Hocharistokratie war schon aus verwandtschaftlichen Gründen beim Abendessen, das die Königin vor dem Empfang gab, stark vertreten, darunter, wie am Vorabend in Brühl, den Markgraf von Baden, Prinz und Prinzessin Ernst August von Hannover, Prinz und Prinzessin von Hessen und bei Rhein, Prinzessin von Hohenlohe-Langenburg, Prinz und Prinzessin Georg Wilhelm von Hannover. Es war eine illustre Gesellschaft. Die Familien der Prinzen von Preußen fehlten beim Abendessen. Von den demokratischen Zelebritäten sah man alles, was Rang und Namen hatte. Es war der einzige Staatsempfang, wo Whisky ausgeschenkt wurde.

Die Gastronomie auf dem Petersberg hatte ihren Befähigungsnachweis erbracht. Am späten Abend erlebten die Petersberger Gäste eine Illumination des Rheintales, die daran erinnerte, daß hier ums Siebengebirge, um Königswinter, Bad Godesberg und Bonn einst der Hort der rheinischen Romantik war. Mit Hilfe der Pyrotechnik hatte man den »Rhein in Flammen« gesetzt. Die Regenschauer, die man prophezeit hatte, blieben aus; sie hätten auch den Charakter der Majestätsbeleidigung gehabt.

Das Protokoll des Auswärtigen Amtes mußte mehr leisten als je zuvor bei einem Staatsbesuch; und erfahrungsgemäß war das nie wenig. Protokollfragen werden mit bitterernster und tiefgründiger Genauigkeit

Oben: US-Präsident Kennedy, Berlins Regierender Bürgermeister Willy Brandt und Bundeskanzler Adenauer in Berlin.
Unten: Da war Afghanistan noch Königreich:
König Mohammed Zahir Schah während seines Staatsbesuchs, der im August 1963 stattfand.

Oben: Die Väter des deutsch-französischen Freundschafts-
vertrages: Adenauer und de Gaulle mit Dolmetscher Kusterer.
Unten: Juli 1964. Der Rhein als malerische Kulisse:
Premierminister Georges Pompidou, Adenauer, Lübke,
de Gaulle, Wirtschaftsminister Erhard.

Oben: Der erste Besuch von Königin Elizabeth II.
war mehr als ein Staatsbesuch: Boulevard- und Regenbogenpresse
hatten Hochkonjunktur.
Unten: Juni 1965. Bundeskanzler Ludwig Erhard scheint an den
Äußerungen General Charles de Gaulles zu zweifeln.

Oben: Juli 1966. Angeregte Konversation: Der tunesische Präsident Habib Burgiba im Gespräch mit dem Ehepaar Lübke.
Unten: Ende Mai 1967. Das war noch vor den Unruhen vom 2. Juni in Berlin: Schah Reza und Farah Diba, eingerahmt vom Kanzlerehepaar Kiesinger.

betrieben. Vielleicht steckte man zu sehr in provinziellen Vorstellungen, wenn man die Geschichte vom Teddybären zum Anlaß nahm, nachträglich zu sagen: Hier piepst es irgendwo. Unter den Geschenken, die die königliche Familie bekommen sollte, befand sich nämlich auch ein Teddybär. Er war bestimmt für den Prinzen Edward, den jüngsten Sohn des britischen Königspaares, der gerade den Windeln entwachsen war. Die Geschenke waren also aufgebaut, und was geschah? Der Teddybär machte Schwierigkeiten. Diesen Teddybären könne man nicht schenken, hieß es plötzlich, weil er nicht intelligent genug aussähe. Hier ist nur der Schluß möglich: Der junge britische Prinz sollte nicht schon in seiner Kindheit erfahren und als Vorurteil sein Leben lang mit herumschleppen, die Deutschen seien ein dümmliches Volk. Die Deutschen sind ein intelligentes Volk. Willig und ohne Widerstand ließ sich der Teddybär auf den Arm nehmen und forttragen. Das Postskriptum ist notwendig: Dies ist eine wahre Geschichte.

Kontrastprogramm bei Lyndon B. Johnson

Nach der Wahl John F. Kennedys zum Präsidenten der Vereinigten Staaten von Amerika im Jahre 1961 machte ihm der deutsche Bundeskanzler Adenauer seinen ersten Besuch. Der Stellvertreter Kennedys, Lyndon B. Johnson, hatte die Aufgabe, den deutschen Gast dreimal der Öffentlichkeit vorzustellen. Bekannt war Adenauer bei den Amerikanern schon lange. Um seinen Ruf war es nicht schlecht bestellt, längst gab es in den Staaten eine Adenauer-Legende.

Vizepräsident Johnson, durch sein Amt auch Präsident des Senats, begrüßte Adenauer im Senat als »einen der größten lebenden Staatsmänner der Welt«. Beim Besuch der Johnsonschen Ranch in Texas, beim Spießbratenessen im Freien, sagte Johnson zu den vielen hundert Gästen: »Ich mache Sie hier bekannt mit dem Architekten des neuen Deutschlands«, und vor den vereinigten Gesetzgebungskörperschaften des Staates Texas, dem Senat und dem Repräsentantenhaus: »Ich habe die Ehre und den Vorzug, Ihnen einen Giganten unserer Zeit vorzustellen [a giant of our time], Konrad Adenauer, Kanzler der Bundesrepublik Deutschland.«

Der zweite deutsche Bundeskanzler, Professor Ludwig Erhard, machte bei Lyndon B. Johnson zwischen Weihnachten und Silvester 1963 seinen Antrittsbesuch, als Johnson die Nachfolge des ermordeten Präsidenten Kennedy angetreten hatte. Erhard hatte schon einen Monat vorher, bei Kennedys Beerdigung, Johnson getroffen. Die staatspolitische Psychologie gedeiht bei solchen Besuchen besonders. Erhard flog mit seiner Begleitung unmittelbar von Bonn nach Houston, der größten Stadt in Texas, und der Hauptstadt Austin. Vierzig Helikopter-Minuten sind es von dort zu Johnsons Ranch. Die sinnige Verbindung zur deutschen Gemütlichkeit ließen sich die Amerikaner angelegen sein. Sie glaubten, ihren Ludwig Erhard zu kennen. Im Gottesdienst, den Erhard besuchte – in Deutschland ging er nie zur Kirche –, predigte ein Geistlicher in deutscher Sprache. Viele Abkömmlinge deutscher Einwanderer huldigten dem deutschen Regierungschef. Als deutsche Weihnachtslieder erklangen und als Präsident Johnson seinen deutschen Gast in einer Ansprache »My friend« nannte, bekam Erhard feuchte Augen. Die Freundschaft war nicht im Eimer, wie manche Leute nach Adenauers Abtritt vermutet hatten. Erhard konnte sich immer auf eine energische Behandlung seiner Gefühle gefaßt machen. »My friend« – welch eine Auszeichnung für den deutschen Bundeskanzler! Erhards rechte und linke Hand, der Ministerialdirektor Dr. Karl Hohmann, war stolz.

Im August 1967 kam der dritte deutsche Bundeskanzler nach drüben, Kurt Georg Kiesinger. »Kört Tschortsch Kaisinger«, wie er im National Press Club in Washington angeredet wurde. Er war der erste Kanzler, der englisch parlierte. Auch mit Kiesingers Staatsbesuch hatten die Amerikaner als Fleißaufgabe ein Kontrastprogramm vorzubereiten versucht. Als Johnson Kiesinger auf seine Texasfarm mit Cowboy-Jux einladen wollte, hatte Kiesinger rechtzeitig abgewinkt: »Das macht der Präsident nicht mit mir. Ich schätze Amerikaner richtiger ein als meine Vorgänger«, dozierte Kiesinger vor Journalisten. »Adenauer und Erhard haben Amerika immer nur so gesehen, wie sie es gern sehen wollten. Und wenn dann in Washington etwas anders lief, waren sie böse auf die Amerikaner.« Es genügte, als Johnson später zu Kiesinger über die amerikanische Staatsbürgerin Caecilia-Domenica Wentzel, Kiesingers Enkeltochter und besser bekannt als »Fröschle«, den Satz tat: »Wir sind glücklich, daß Ihre Enkeltochter Bürgerin unseres Landes ist.«

»Darf ich Ihnen Eiswasser anbieten?« fragte der amerikanische Präsident den deutschen Bundeskanzler. »Danke, nein«, sagte Kiesinger, »da unterscheiden wir uns wirklich von den Amerikanern, das mag ich nicht.« Kiesinger glaubte nicht, daß der liebe Gott die Amerikaner beauftragt hatte, seine Interessen zu vertreten.

Carl Gustav und Königin Silvia

1979. Schwedischer Staatsbesuch, erster Tag, Beginn Dienstag am späten Vormittag. Auf dem Flugplatz Wahn, der Linienflug-Jet rollt ein, Sonderposition Staatsbesuch. Die Eskorte von vier Phantom-Abfangjägern der Bundeswehr, Begleiter der SAS-Maschine seit dem Überfliegen der deutschen Grenze, schwenkt ab. Als sich die Tür des Jets öffnet, 21 Schuß Salut für das Monarchenpaar. Der Protokollchef Schöller, der schwedische Botschafter in Bonn, Backlund, der deutsche Botschafter in Stockholm, Thomas, dazu der dem König Carl XVI. Gustav als Ehrenbegleiter attachierte deutsche General Heyd stellen das Bild. Mit dem Hubschrauber ist man eine Viertelstunde später in der Villa Hammerschmidt. Der Rhein führt Hochwasser. Und obgleich es ein Tag vor Frühlingsanfang ist, blüht nicht eine einzige Forsythie.

Dann: Nationalhymnen, roter Teppich. Für den Bundespräsidenten ist es das letzte Königspaar (noch der finnische Staatspräsident kommt zum Staatsbesuch). Walter Scheel drückt das Kreuz durch, als er neben dem Monarchen die Front abschreitet; so exzellent macht ihm das keiner nach. Er verbreitet Abschiedsstimmung, doch er läßt sich nicht daran erinnern.

Etwas ratlos steht der Mitteleuropäer vor den Namen des königlichen Gefolges, der offiziellen Begleitung: General Stig Synnergren, Chef des Stabes S.M. des Königs; Staatsdame Alice Gräfin Trolle-Wachtmeister; Björn von der Esch, Oberhofmarschall; Jan Martenson, Chef des Kabinetts S.M. des Königs; Hofdame Elisabeth Olsson; Professor Ulf Borell, persönlicher Arzt I.M. der Königin; Fregattenkapitän Ulf Alden, Adjutant S.M. des Königs. Dazu der Außenminister Hans Blix, der Staatssekretär Leif Leifland, der Protokollchef, der Sven Hedin heißt. Zur Begleitung gehören ferner ein Kammermeister, ein Kammermädchen, zwei Tafeldecker, ein Küchenchef, ein Küchenassistent.

In der Villa Hammerschmidt gibt es ein Mittagessen, es ist mehr als ein Gabelfrühstück. Der Gäste sind nicht allzu viel, das Bundespräsidialamt ist nach dreißig Jahren Republik immer noch Behelf.

Schon hier müßten der schönen Königin ein paar poetische Prosablumen ins Haar geflochten werden. Nachmittags im Hofgarten Kranzniederlegung, dann im Gobelin-Saal des Rathauses goldenes Buch und das übliche Geschenk der Stadt an die Gäste aus Schweden: zwanzig Platten in einem bordeauxfarbenen Lederschuber mit allen Sinfonien, Klavierkonzerten und Ouvertüren Beethovens, gespielt von den Berliner Philharmonikern unter Karajan, ferner Robert Schumann vom Orchester der Beethovenhalle unter Wangenheim dargeboten.

Publikumserfolg, als Oberbürgermeister Daniels die schwedischen Herrschaften durch die Stadt führt. Monarchen händeschüttelnd unterm Volk, das ist etwas für die Bonner. In der Godesberger Redoute sodann Vorstellung des Diplomatischen Korps. Doch Außenminister Genscher fehlt, Staatssekretär Hermes vertritt ihn. Die Frühjahrswitterung in Bonn mit dem Zwischenhoch und dem noch miesen Klima sagt kaum einem Organismus zu. Gegen 17.00 Uhr im Hubschrauber nach Schloß Gymnich, wo das Königspaar wohnt. Noch jahrelang wird man sich von einem Behelf in den anderen mogeln.

Schließlich Dienstag abend, die große Gala im Schloß

Brühl. Der Frack ist wieder erlaubt (oder Smoking). Und er wird getragen. Den Prozeß der Entzauberung der gesellschaftlich-diplomatischen Welt hatte Bundespräsident Heinemann versucht, indem er den Frack als Festkleidung auf den Index setzte. Nachfolger Scheel machte keine Weltanschauung daraus; er beließ es bei Staatsvisiten von Republikanern beim Smoking; bei monarchischen Besuchern aber, die Wert darauf legten, machte er keine Schwierigkeiten, den Frack vorzuschreiben. Diesmal nun steht zum erstenmal neben »Frack/Orden« auf der Einladung des Bundespräsidenten »Smoking/Orden«. Kleiderordnung muß sein, sagt das Protokoll.

Dekorationen wurden ausgetauscht, allein in Bonn 68 Orden und 24 Medaillen. Frau Mildred Scheel, Bundeskanzler Schmidt und Bürgermeister Klose aus Hamburg hatten gebeten, von einer Verleihung eines Ordens an sie abzusehen. Bundespräsident Scheel wurde Chevalier des Seraphimenordens, Bundestagspräsident Carstens, Außenminister Genscher und der Generalinspekteur der Bundeswehr, Jürgen Brandt, bekamen das Großkreuz des Nordstern-Ordens. Ein Hamburger Abgeordneter, der nicht ein Hamburger ist, nahm die gleiche Dekoration aus Gründen der Staatsräson an. Der schwedische Botschafter Sven Backlund überbrachte ihm die hohe Auszeichnung in seine Godesberger Wohnung. Herbert Wehner wurde Kommandeur des »Kungliga Nordstjärneordens«. Ordensherr ist der regierende Monarch. Dieses Großkreuz des Nordsternordens wird sowohl an Schweden als auch an Ausländer für vaterländische und staatliche Dienste und für besondere Leistungen verliehen. Das Ordenszeichen ist ein weißemailliertes Malteserkreuz in Gold. Die Vorderseite trägt einen weißen Nordstern mit der Umschrift »Nescit occasum«. Wehner ließ sich das Lateinwort von Freund Backlund übersetzen und hatte Grund, zu schmunzeln: »Er geht nie unter.«

Das Programm wird gehandhabt wie immer, der Zeitplan gerät selten in Unordnung. Majestäten, wie man es ausdrückt, sind Herrscher. Aber ein Mann wie König Carl XVI. Gustav von Schweden darf sich in einem demokratisch verfaßten Staat wie Schweden nur gemäßigt äußern. Er spricht erst mit Gewerkschaftlern, dann mit dem Mann vom Bundesverband der Industrie. Aber Hofstaat muß sein.

Zuerst fungieren im Schloß Augustusburg Walter und Mildred Scheel als Gastgeber. Am nächsten Abend erfolgt die Gegeneinladung in die Godesberger Redoute, Gastgeber der König und die Königin. Schon beim Rundblick über die tafelnde Gesellschaft wird sichtbar, daß zum Königshaus wohl enge deutsche Blutsverwandtschaft besteht, die sich bei den weiblichen Gästen durch ein Diadem im Haar zu erkennen gibt. Der Hochadel in Schloß Brühl und in der Redoute ist nur noch ein dekorativer Nachglanz einstiger Herrschaftsform. Prinz und Prinzessin Sachsen-Coburg-Gotha, Prinz Richard und Prinzessin Benedikte Sayn-Wittgenstein-Berleburg mit der Fürstin-Mutter, die Schwester Birgitta des Königs mit ihrem Mann, dem Prinzen Johann Georg von Hohenzollern aus München, der Graf Lennart Bernadotte aus Mainau, die Fürstin Otto von Bismarck, die geborene Schwedin Annmarie Tengboom – Adel als Monument, das gibt nichts mehr her. Die Namen sind nur noch Orientierungshilfe.

Gewissermaßen der Mittelpunkt ist Königin Silvia, die offenbar für Frauen, mehr noch in Deutschland als in Schweden, Leitbildfunktion hat, hübsch, resolut, geistreich und originell – und vor allem: schön anzuschauen. Woher sie die Gewißheit nimmt, dem Schweden-Thron einen männlichen Erben zu schenken, ist nicht zu erfahren. Unbefangen ruft ihr eine Bonnerin zu: »Es wird ein Junge!« Da in Schweden laut Sprichwort alle Bäume in den Himmel wachsen, wird sie es wohl schaffen.

Bei der Einladung des Königs war auch Bundeskanzler Schmidt in der Redoute; allein, da Frau Loki schon in Südamerika weilte; Schmidt reiste einige Tage später nach. Auch Rut Brandt war da. Die drei deutschen Nobelpreisträger Lynen und Forssmann (beide Medizin) und Fischer (Chemie) waren da, Heinrich Böll fehlte. Es fehlten auch Bundestagspräsident Carstens und Oppositionsführer Kohl, weil es in Schleswig-Holstein brannte und es wie bei Hamlet zuging: Sein oder Nichtsein, das war dort die Frage. Außer Ministerpräsident Späth (Stuttgart) war kein einziger Vertreter der CDU/CSU in die Redoute gekommen. Alle »verfügbaren Truppen« waren in Stoltenbergs Land geworfen worden. Aber Ronny Hellström und seine Frau aus Kaiserslautern waren da, der Welt bester Fußballtorsteher, Schwedens bedeutender Exportartikel. Und die Literatur war da: Unselt, Suhrkamp; dann der Kieler Skandinavistik-Professor Oberholzer, der Präsident des Deutschen Akademischen Austauschdienstes, Professor Schulte, die skandinavischen Botschafter in Bonn von Dänemark, Norwegen, Island und Finnland.

In Brühl saßen 280, in der Redoute 152 Gäste bei Tisch. Scheel in seiner Tischrede meinte zu dem Besuch, daß Schweden »seit vielen Generationen ein Hort der Freiheit und der Toleranz, eine Zufluchtstätte für die Verfolgten und Flüchtlinge aus aller Welt, auch für viele Deutsche« geworden sei. Der König erwiderte, sein Land habe seit der Jahrhundertwende entscheidende Impulse von der deutschen Sozialgesetzgebung und von den deutschen Gewerkschaften erhalten. Konstitutionelle Monarchen haben auch bei solchen Trinksprüchen nichts zu lachen.

Des Bundeskanzlers Bemerkung, er habe keinen Frack, hatte hanseatische Substanz; er kam, wie sein Innenminister Baum, der ebenfalls keinen besitzt, im Smoking. Bei Scheel in Brühl hatte es Tafelmusik eines Ensembles für alte Musik und nach dem Essen im Treppenhaus Mozart-Musik gegeben. In der Redoute sang ein Berliner Sänger schwedischer Provenienz aus »König Erriks Liedern«: »Laßt uns trinken, Welam Welamsson!« – auf schwedisch: »Klunkom, Welam Welamsson!« In Brühl gab es Entenbrustfilet, in der Redoute exquisiten Rentierbraten.

Seinen Mutterwitz souverän gebrauchend – das war Bundespräsident Scheel auch bei diesem für ihn letzten Königsbesuch. In einem Vierteljahr würde alles vorbei sein. Scheel ist nie ein Zyniker gewesen. Aber eine Abschiedsträne wird ihm noch erlaubt sein. Und uns, den Bürgern, ebenfalls.

Suharto der Indonesier, Nachfolger Sukarnos

Die Gesichter von Staatsoberhäuptern sollten sich dem Zugriff berufmäßiger Beobachter entziehen. Aber man muß es leider sagen, daß das Gesicht des Präsidenten der Republik Indonesien, des Inselreichs in Südostasien, des Malaiischen Archipels, Suharto, einen gleichbleibend undefinierbaren Eindruck machte. Des Bundespräsidenten Heinemann Gesicht kündete Ruhe und Ordnung und blieb anonym. Die Staatsräson verlangte in diesem Falle diese Gesichter. Bei den Damen Suharto und Heinemann war es etwas Mona Lisa, der Frau des florentinischen Edelmannes: unergründliches Lächeln. Es war 1970.

Wie gefährlich Staatsmänner leben, das weiß man seit langem. Der Innenminister hatte Sicherheitsstufe I angeordnet, und es konnte nicht sinnfälliger zum Ausdruck gebracht werden als durch die vielen Polizisten mit ihren Maschinenwaffen, die den Gast umkreisten, wo er stand und ging. Da mehrere Morddrohungen die Polizei erreicht hatten, sie kamen aus Holland, und tags darauf auch die übliche Flugzeugbombendrohung vorlag, rieten die irdischen Gewalten von Besuchen in Bremen und Hamburg ab. Statt dessen Berchtesgaden, wo die Welt noch heil und in Ordnung ist.

Was einen Beobachter immer stark beschäftigt, sind die Geschenke, mit denen sich Staatsoberhäupter gegenseitig bedenken. Eilfertig kann man es diesmal melden: Suharto bekam ein Filmvorführgerät mit weißer Leinwand, seine Frau ein Porzellanservice. Frau Heinemann erhielt Batiktücher und unser Präsident einen geschnitzten Elfenbeinstoßzahn vom Elefanten. Wenn man richtig hinzuschauen wußte: Hier lächelte der Präsident kurz, denn er dachte an sein Dutzend Enkel.

Neunhundert Gäste waren beim Galaempfang in Schloß Brühl. Obwohl der Präsident Suharto, ein General, mit etlichen anderen Generälen in seine Suite kam – sechs Generäle hatte man übrigens 1965 bei einem kommunistischen Aufstand ermordet –, gab es nicht das Schauspiel des Zapfenstreichs, der etliche Jahre bei Staatsbesuchen die Ausweglosigkeit der militärischen Tradition deutlich gemacht hat. Bei Staatsbesuchen werden wir ihn künftig nicht mehr erleben. Sechzig Orden wurden verteilt, auch diesmal an Gerechte und Ungerechte.

Die Cousins aus der Wiener Hofburg

Über einhundert Staatsbesuche von Staatsoberhäuptern, Präsidenten, Kaisern und Königen hat es in der Bundeshauptstadt am Rhein in mehr als drei Jahrzehnten gegeben. Im Sommer 1964 auch den des österreichischen Staatsoberhauptes Adolf Schärf. Keine Besuche schienen zwangsläufig mit so viel Emotionellem aufgeladen zu sein wie die der »Cousins« aus Österreich, des Bundespräsidenten Schärf damals, des Präsidenten Jonas 1973, des Präsidenten Kirchschläger 1982.

Habsburgs demokratischer Nachfahr kam in die Bundesrepublik. Auch der berufsmäßig zum Optimismus verpflichtete Hofberichter brauchte nicht schönzufärben, um wieder auf der Gästeliste des Herrn Bundespräsidenten Platz zu finden. Wohl: Der Mann aus Wien, Jonas, wirkte zunächst etwas trocken – wie unser Staatsoberhaupt Lübke –, aber dann bemerkte man schnell, daß die Österreicher doch die alten Charmeure geblieben sind. Würdevoller hätten das weder die Maria Theresia noch der Kaiser Franz Josef gemacht. Die Zeit hat soviel Worte, aber man darf ruhig eins aus der alten Kiste holen. Der Franz Jonas ist zwar ein Arbeiterkind und selbstverständlich Sozialdemokrat, aber wenn wir richtig hinschauen, war dieser Nachfahr der Habsburger im besten Sinne ein wenig k. u. k. geblieben.

Das »Unbewältigte«, nämlich die sieben Jahre unter dem Braunauer, dessen »Jebeine« Adenauer nach Wien schicken wollte, als man dort an Reparationsforderungen dachte, ist längst bewältigt. Niemand brauchte sich aus der Affäre zu ziehen. »Affäre« ist der richtige Name zum falschen Bart. Nicht einmal der Presserat bei der österreichischen Botschaft, Herbert Nedomansky, einst

Fallschirmjäger bei der Deutschen Wehrmacht, brauchte den Batteriechef einer Flakbatterie, Helmut Schmidt, damals Bundesfinanzminister, zu fragen, ob er sich nach der Ardennenoffensive 1944 noch an das gemeinsame Kriegsgefangenenlager in Belgien erinnere. Das alles ist ausgestanden, kein Geräusch aus jener Zeit dringt noch ans Ohr. Als sich die beiden Herren in Gymnich begrüßten, hieß es nicht: Weißt du noch?

Es sind wohl geheime Motivationen, die nicht faßbar sind, daß man in Österreich noch von den »Reichsdeutschen« und in der Wut auch von den »Piefkes« spricht, aber der zu Reflexion neigende Homo alpinus ist so strukturiert. Jonas sagte es selbst, das Verhältnis sei problemlos, eng und freundschaftlich, das Zusammengehörigkeitsgefühl der Menschen die beste Grundlage für zwischenstaatliche Freundschaften. Solche Sätze gaben den Ton an. 1964 sprach Bundespräsident Lübke bei der Tischrede vom »Brudervolk«, Heinemann sprach 1973 in Schloß Brühl nur vom unbefangenen Miteinander, ähnliches 1982 auch Bundespräsident Carstens.

Staatsbesuche sind Pflichtübungen. Der von Franz Jonas stand etwas im Schatten des Breschnew-Besuchs – der Kremlgewaltige würde in zehn Tagen auf demselben Flugplatz landen. Den Schliff von Staatsbesuchen besorgen die Leute vom Protokoll. Die Zwangsläufigkeiten, wie Staatsoberhäupter, wie Damen an ihre Plätze geleitet werden, sehen nach Revuemanagement aus. Wie der Graf Podewils, der Protokollchef, später Botschafter in Wien, daherkam, mit seinem Schreiten neben den höchsten und allerhöchsten Herrschaften, das war fleißig geübt. Gast Jonas aus dem Wiener Habsburgerpalast, der Hofburg, sowie der Gastgeber aus der

Großbürgervilla Hammerschmidt, waren bei Podewils in bester Obhut. Podewils: »Bei mir wird kein Bundespräsident straucheln.« Wenn der Graf den rechten Mundwinkel nach unten zog und die Stimme bremste, wußte man, daß es gelaufen war. Man konnte zu Tisch gehen.

Das Bankett Heinemanns für 257 Gäste ließ nur eine geringfügig ironische Behandlung des Staatsbesuches in Schloß Brühl zu. Der Bundeskanzler a.D. Ludwig Erhard saß am Tisch des Gastes. Gerhard Schröder war gesonnen, so zu tun, als ob in der CDU alles in Ordnung sei. Das Kerzenlicht im stimmungsvollen Schloß milderte etwas das Mißvergnügen, das man empfand bei der Wachteleier-Vorspeise. Sie kommen aus südlichen Gefilden, aber so wußte man wenigstens, warum der Wachtelruf bei uns so selten geworden ist. Unbezahlte Überstunden machten die Bundesminister Leber, Ertl und Vogel, etwas katholischer Klerus war da, der Bundeswehrgeneralinspekteur Zimmermann, DGB-Boß Vetter und Bundesbankpräsident Klasen, bei denen es Verdrängungserscheinungen großen Stils gab. Der Bundesaußenminister Scheel, dessen Arbeitspensum wieder schlimme Formen anzunehmen begann, machte das durch ein inniges Bekenntnis zu Österreich wett, wo er in Hinterthal sein Zweitdomizil hat. Nach dem Händeschütteln auf dem Mittelpodest der Balthasar-Neumann-Treppe sagten Jonas und Scheel übereinstimmend: »Jetzt hab i an Hunger.«

1970. Die Szene war ins Theater verlegt, und die Musen vermögen sich hier kapriziös darzustellen. Im Theater der Stadt Bonn sahen achthundert Menschen eine Galaaufführung zu Ehren des Präsidenten der afrikanischen Republik Sambia, Dr. Kenneth David Kaunda, und seiner Frau, das Ballett von Igor Strawinsky »Der Feuervogel«.

Es war der erste festliche Empfang, den Bundespräsident Heinemann und seine Frau, zehn Monate im Amt, gaben. Es war eine geschlossene Vorstellung für die afrikanischen Gäste, Deutsche inbegriffen, und es wurde eine Synthese Heuss-Lübke-Heinemann.

Der Besuch aus Afrika war in großer Besetzung gekommen. Präsident Kaunda hatte mitgebracht die Minister für Entwicklung und Finanzen, für staatsbürgerliche Erziehung und für Handel, ferner die Staatsminister im Präsidialamt für Angelegenheiten des Protokolls sowie der staatlichen Repräsentation, einen Regierungssprecher, ferner drei Staatssekretäre, unter ihnen den für Äußeres und den für staatliche Investitionsvorhaben, schließlich einen Unterstaatssekretär im Ministerium für Strukturplanung, drei Ministerialdirektoren und zwei Verwaltungspräsidenten.

In einem umfangreichen Konvolut von Drucksachen ließ die sambische Botschaft in Bad Godesberg wissen, daß Sambia sein Gedankengut »aus der Philosophie des sambischen Humanius« holt, »es lehnt die Unmenschlichkeit des Kommunismus wie auch die Ausbeutungstendenz des Kapitalismus gleichermaßen ab. Seine Vorbilder sucht es in Skandinavien, Jugoslawien und bei der deutschen Sozialdemokratie.« Das Land hat 4,1 Millionen Einwohner. Die Godesberger Botschaft verbreitet dann noch dies: Präsident Kaunda ist das achte Kind eines afrikanischen Missionslehrers, hat selbst neun Kinder, ist fünffacher Ehrendoktor und »legt Wert auf die Würde seines Amtes, lebt aber persönlich schlicht und fast asketisch. Ein unermüdlicher Arbeiter, überwacht er gelegentlich durch Überraschungsbesuche die Arbeitsmoral der Ministerien und Behörden. Luxus und Pomp verabscheut er. Als Minister tragen gelegentlich auch Smoking) ... Er neigt gelegentlich zu emotionalen Ausbrüchen, besonders wenn ihm zu große Nachsichtigkeit vorgeworfen wird. Bei Staatsbanketten legt er Wert darauf, daß ein Tischgebet gesprochen wird.« Soweit die Leitsätze für Zeitungskorrespondenten.

Die Gäste aus Afrika haben strapaziöse Reisen durch die Bundesrepublik vor, aber die Strapazen werden sich gewiß für die Gäste effektuieren. In Bonn wohnen sie im »Königshof«, wo drei Appartements und 37 Zimmer, ohne die Zimmer für die deutsche Begleitung, reserviert sind.

Problemlos die Kronprinzessin

Beatrix, die Kronprinzessin der Niederlande, wirkte fein und hell. Sie trug ein spezifisches Dekor: Hut. Des Menschen Zierat ist der Hut, sagte schon Schiller. Das Protokoll des Auswärtigen Amtes signalisierte es allen Damen: Wenn's geht, bitte Hut. Der von der Prinzessin war weiß mit blauer Dekorierung. Der von den anderthalb Dutzend Damen zeigte etwas von der letzten Ecke des Kleiderschranks, in der man einen entdeckt hatte.

Sonst war der Besuch der Prinzessin mit dem Prinzen Claus problemlos. Sagte man. Unser Bundespräsident hatte beide vor anderthalb Jahren schon eingeladen, mal in Bonn hereinzuschauen. Auf gute Nachbarschaft. Der deutsche Legationsrat von Amsberg hatte, nach hundertfünfzig Jahren, dem Haus Oranien gleich drei Söhne geschenkt. Bravo!

Bundespräsident Scheel gab ein Essen für zwanzig Personen. Morgens durften die Königlichen Hoheiten etwas Universität riechen, tags darauf eine Rheinfahrt mit dem Motorschiff »Filia Rheni« mit Mittagessen an Bord, worauf sich eine Stippvisite in die bunte Stadt am Rhein, in Linz, anschloß. Die Bootsfahrt zeichnete sich durch das charmante Aufgebot der Damenhüte aus. Planmäßig schien die Sonne, am höchsten Berg der Niederlande, am Drachenfels, fuhr man vorbei. In Linz Musik, Gesang, Bürgermeisterbegrüßung mit der Rede, daß dies einmal nassauisches Staatsgebiet gewesen sei. Ende.

1973. Er kann nur das Produkt einer Wikinger- und Seefahrernation sein, der König Olaf von Norwegen. In Wirklichkeit ist er auf den Namen Alexander Edward Christian Frederik getauft, in England als Sohn des Prinzen Carl von Dänemark und seiner Gemahlin Prinzessin Maud von England geboren. Im Jahre 1905 stieg er auf dem Arm seines Vaters, der nach Auflösung der Union mit Schweden vom norwegischen Volk zum König gewählt worden war, an Land. Der da auf dem Arm des Vaters an Land stieg, war damals zwei Jahre alt. Der Vater nannte sich 1905 Haakon, der Sohn wurde Olaf genannt.

Der König Olaf hat einen kräftigen Händedruck, sieht wie ein Sechziger aus, ist ein sympathisches Mannsbild, kann bestimmt fröhliche Seemannsspäße machen und die Zusammenhänge übersehen. Zwei Damen versuchten am Montagabend im Treppenhaus des Schlosses Augustusburg in Brühl, wo Bundespräsident Heinemann ein Galaessen für den skandinavischen Gast gab und die Gäste Seiner Majestät vorgestellt wurden, demokratische Hofknickse. Ein Hofknicks kann in Gegenwart eines Bürgerpräsidenten nur Alp und arger Traum sein. Man schmunzelte.

Nur konnte die Majestät aus dem Norden die Zusammenhänge an seinem Tisch nicht übersehen – es gab Schwetzinger Spargelspitzen, Hummerkraftbrühe, Kalbsrückensteak und Eistorte »Augustaburg« –, als dort unter den Deutschen das Stichwort »Steiner« herumgereicht wurde. Julius Steiner aus Biberach an der Riß, Exbundestagsabgeordneter, der am 24. April

1972 beim konstruktiven Mißtrauensvotum gegen Bundeskanzler Willy Brandt seinem Parteichef Barzel die Gefolgschaft versagt hatte (angeblich sollten ihn 50000 DM, von der Gegenseite gestiftet, dazu bewogen haben), gab immer noch viel Stoff her, zumal der Chef des Bundeskanzleramtes, Staatssekretär Grabert, kein Hehl daraus zu machen brauchte, daß Herr Steiner schon Agent des Bundesnachrichtendienstes gewesen sei. Aber zu jener Zeit dachte noch niemand daran, ihn zum Bundestagsabgeordneten zu machen, nämlich 1963, zur Zeit des Staatssekretärs Globke.

Hätte Altbundeskanzler Ludwig Erhard etwas darüber gehört – er saß mit am Tisch des Königs –, er hätte gar keine Interpretation des Falles zu geben brauchen; auch der Oppositionsführer Professor Carstens, ebenfalls am Tisch, hätte es bei der Bemerkung bewenden lassen können: »Jaja, Majestät, Fraktionsführer sein ist ein aufregendes Geschäft.« Am Tisch des Königs und des Bundespräsidenten saßen unter anderem die Damen Renger, Lauritzen, von Dohnanyi, die Prinzessin zu Sayn-Wittgenstein-Berleburg, geborene Gräfin Metternich, eine Heinemann-Tochter, die Herren Erzbischof Bafile, der Nuntius, und Prälat Wöste von der katholischen, der Bischof Kunst von der evangelischen Fakultät, ferner die Herren Scheel, Münchmeyer, der norwegische Botschafter Sommerfelt und der dem König attachierte deutsche Botschafter Curtius, allesamt mit ihren Damen.

Dieses Schloß Augustusburg hat schon manches erlebt. Es ging nicht ganz so zu im Stile bourbonischer Galanterie wie zu des Kurfürsten Clemens August Zeiten. Der Bundespräsident machte es jedoch milde mit seinem Trinkspruch auf den Gast. Es sei, sagte er, der erste Besuch eines norwegischen Königs in Deutschland, und es ginge alles mit viel menschlicher Wärme zu. Heinemann hob das Glas.

König Olaf dankte in deutscher Sprache für den herzlichen Empfang, Heinemanns Besuch in Norwegen vor drei Jahren sei ein neues Kapitel in den Beziehungen beider Länder gewesen. Kein Wort über die Zeit der vierziger Jahre. Der König hob das Glas und trank auf den Bundespräsidenten und das Wohl des deutschen Volkes.

Die Trinksprüche in ihrer Intonation, auch der des Bundeskanzlers Brandt, der mit seiner norwegischen Frau dem norwegischen König im Bungalow des Palais Schaumburg ein Mittagessen gab, nachdem vorher eine Hubschrauber-Stippvisite in Oberwesel und auf der Marksburg am Rhein mit dem rheinland-pfälzischen Ministerpräsidenten Helmut Kohl und dem Präsidenten der Deutschen Burgenvereinigung, Hannibal von Lüttichau, stattgefunden hatte, waren so gestimmt: Es ist ein problemloser, erfreulicher Zustand zwischen beiden Ländern. Keine Ärgernisse weit und breit. In Bonn wehten die Fahnen für einen Norwegerkönig. Und der deutsche Bundeskanzler und seine Frau waren die einzigen, die sich mit dem Monarchen in seiner Landessprache unterhalten konnten. Das mit der norwegischen Frau ging dann später schief, wir wissen es.

Dänemark, wo auch Prinz Hamlet herkommt

Daß eine Majestät, ist sie schon Mensch, wenn auch von Gottes Gnaden, ein ganz normales Menschenkind sein kann, zeigte Margarethe II. von Dänemark. Im Juni 1974 war sie für vier Tage zum Staatsbesuch in der Bundesrepublik. Es dürfte nicht schwer sein, Schwächen unter den regierenden Häusern in Europa zu finden, aber diese dänische Königin – vierunddreißig Jahre alt, etwas lang aufgeschossen und sogar den Bundespräsidenten Heinemann noch um einige Zentimeter überragend – holte aus ihrem Erscheinungsbild als regierende Fürstin einen nachhaltigen Effekt heraus. Sie sieht gut aus. Sie übertrifft mit ihrem gleichfalls um keinen Zentimeter geringeren Mann, dem Prinzen Henrik, in einer bestimmten Hinsicht, außer de Gaulle, jeden anderen Staatsbesuch in der Bundesrepublik. Und Henrik, französischen Geblüts, das Haupthaar einen halben Zentimeter zu lang, macht sich als Prinzgemahl der Königin gut.

Man erkannte die Königin beim Abendessen im Schloß Brühl nicht an monarchischen Insignien. Statt der Krone trug sie ein Diadem auf ihrem Blondschopf. Das Kleid, es war dottergelb, muß man Robe nennen. Ein Zepter trug sie nicht, sondern ein hübsches Täschchen. Und ein Triumphator, vor dem man zum Hofknicks in die Knie geht, war sie ebenfalls nicht.

Könige sind zwar bisweilen noch, wie in unserem Falle, von Gottes Gnaden, aber sie sind nichts anderes als Faktoren menschlicher Politik, wenn sie bei solchen Galafesten repräsentieren.

Das Element der Aristokratie war in Brühl gering, obwohl nach Deutschland viele verwandtschaftliche

Bindungen führen. Die besondere Art des Ruhmes der Aristokraten besteht darin, daß sie Namen mit verblichenem Glanz tragen: Prinz Louis Ferdinand von Preußen, der Kaiserenkel, den die ganz feinen Leute noch »Kaiserliche Hoheit« nennen dürfen, Prinz Richard von Sayn-Wittgenstein-Berleburg, der die Schwester der Königin, Benedikte, zur Frau hat, die Mutter der »Wittgensteiner«, ebenfalls mit Diadem auf dem Kopf, und endlich Prinz Christian zu Schaumburg-Lippe mit seiner Frau, einer dänischen Prinzessin.

Man konnte unbedenklich einen anderen Prinzen von Dänemark bemühen, den Hamlet: Nichts war an diesem Abend faul im Staate Dänemark. Und Sein oder Nichtsein war für die Brühler Gesellschaft keine Frage.

Das Bankett verlangte Tischreden. Heinemann begann: »Majestät, Königliche Hoheiten, Exzellenzen, meine Damen und Herren!« Die auf jahrhundertealter Tradition beruhenden nachbarschaftlichen Beziehungen zwischen Dänemark und Deutschland seien eng und herzlich. Die Schatten der Vergangenheit belasteten heute – er sei glücklich, dies sagen zu können – auf beiden Seiten nicht mehr die Gegenwart und Zukunft unseres Verhältnisses. Ein eindrucksvolles Beispiel für vorbildliche Nachbarschaft gäben die Minderheiten auf beiden Seiten der offenen Grenze, die heute als loyale Bürger des Staates, in dem sie lebten, sich gleichzeitig ihrer kulturellen Heimat verbunden fühlten und eine Brücke zwischen unseren Ländern bildeten. – Von unseren »Speckdänen« der ersten Nachkriegsjahre brauchte Heinemann gar nicht zu reden. Die Zeit heilt Wunden.

Die Königin antwortete in nahezu akzentfreiem Deutsch: »Mehr als sechzig Jahre sind vergangen, seit ein dänisches Staatsoberhaupt zuletzt Deutschland einen offiziellen Besuch abstattete. In der Zwischenzeit haben unser Weltteil und die Beziehungen zwischen unseren Ländern große Veränderungen erfahren. Politische Gegensätze haben zeitweise tiefe Schatten über das dänisch-deutsche Verhältnis geworfen. Ich bin aber froh, feststellen zu können, daß die Gegensätze früherer Zeiten von einer fruchtbaren und vertrauensvollen Zusammenarbeit zwischen unseren beiden Ländern abgelöst worden sind.« Die Königin sprach auch von der großen Genugtuung, mit der man in Dänemark die zielbewußten Bestrebungen auf Entspannung und Normalisierung zu den osteuropäischen Ländern verfolgte.

Die Gäste, 160 Personen, vom Industrieboß Sohl bis zum Hals-Nasen-Ohren-Professor Walter Becker, von Annemarie Renger bis zum Bundeshandwerkspräsidenten Schnitker, etwas Klerus, etwas Militär, drei Bundesminister, Gerhard Schröder und Kiesinger und die wachen Jungs eines Dutzends Hofberichter bevölkerten den Jahrmarkt des Banketts; sie fanden soviel Handlung, daß es zum Bericht reichen mußte.

Es war Heinemanns vorletzter Staatsbesuch, den er zu empfangen hatte. Mit Anstand, Gesinnung, guter Kennerschaft und Mut hatte der scheidende Bundespräsident mit den kleinen europäischen Staaten die Aussöhnung voranzutreiben versucht, von der die Älteren annehmen mußten, daß noch über Generationen hinweg Finsternis über Deutschland hängen werde. Wir wollen es notieren, zu Ehren des scheidenden »Bürgerpräsidenten«.

Ein Kaiser trat ins Dunkel (im VW-Käfer)

1973. Eine der klassischen Größen auf internationalem Parkett war der Monarch mit dem langen Namen, nun schon zum fünftenmal in der Bundesrepublik – im November 1954 mit großem Schaugepränge zum offiziellen Staatsbesuch, 1959 zum Erholungsbesuch in Baden-Baden, 1966 zum Evangelisationstreffen in Berlin, 1967 in Bonn mit einem Besuch am Adenauer-Grab: »Seine Kaiserliche Majestät Haile Selassie I., Kaiser von Äthiopien«. Am 12. September 1973 kam er auf dem Flugplatz Wahn an.

1954 war der Kaiser mit dem roten Salonwagen auf dem Bonner Hauptbahnhöfchen angekommen, diesmal gab es keinen Glitzerglanz mit großer Gala beim Abendessen des Bundespräsidenten in Schloß Augustusburg in Brühl – kein Frack mit Ordensbehang, sondern Smoking, die Damen in lang.

Erzkomödiantin Lore Lorentz vom »Kom(m)ödchen«, nebst ihrem Spitzbart Kay, brachte etwas Juckreiz in die Gesellschaft, als sie nach Artischockencreme, Perlhuhn Winzerinnenart und Orangenbordüre mit Brombeere Wilhelmine Lübke vorgestellt wurde, einer immer noch großartigen Frau, die das Alter mit nahezu neunzig Lebensjahren einfach unterwandert hatte.

Auch jene Prinzessin von 1954 war wieder dabei, von der ihr damaliger Tischherr Carlo Schmid noch schwärmen konnte: »Sie hat ein Häutle wie Samt.« Das war, wie bei Lortzing – so hätte er gesagt wenn er diesmal eingeladen gewesen wäre –, eine köstliche Zeit.

In einer Ecke im Gartensaal saßen der Außenminister Scheel und sein Staatssekretär Frank und tuschelten über Prag und Chile – zu der Zeit aktuelle Themen.

Die Festesfreude kam dadurch nicht voll zum Zuge. Den Tischreden des Bundespräsidenten Heinemann und des Kaisers kam ein Stück deklarativer Bedeutung zu. Die Bemühungen des Kaisers zur Sicherung des Friedens lobte Heinemann, den in der ganzen Welt berühmten Fleiß der Deutschen der Kaiser. Solche Tischreden vermitteln uns einen Geschmack, was Diplomatie ist. Der Kaiser sprach in amharischer Sprache. Niemand konnte die Verblüffung unterdrücken, daß Chefdolmetscher Heinz Weber, das Bonner Sprachenwunder, selbst diese ausgefallene Sprache ins Deutsche übersetzte. Wann endlich wird sich die Welle vom deutschen Fleiß in solchen Reden legen? Unsere Tüchtigkeit kann einen schaudern machen.

Als der Kaiser mit seinem Gefolge nach Schloß Gymnich fuhr, wo er wohnte, war es kurz vor Mitternacht – die springenden Brunnen im Schloßpark in Brühl und der volle Mond am Himmel waren kein Mißverständnis. Die Natur verhielt sich kalendermäßig, es war eine schöne Septembernacht.

Darauf bedacht, dem alten Herrn aus Äthiopien einige Strapazen zu ersparen – denn Programme solcher Besuche sind immer überladen –, fuhr man am 13. September zu Schiff rheinaufwärts und war mittags bei Bundeskanzler Brandt im Kanzlerbungalow zum Essen. Am Spätnachmittag fuhr dann Bundesaußenminister Scheel zum Monarchen nach Gymnich, zu einem letzten Teach-in. Am 14. September nun, kurz nach 9.00 Uhr, schritten der Gast aus Äthiopien und der Bundespräsident noch einmal die Front der Ehrenformation der Bundeswehr ab. Die Nationalhymnen spielte das Stabsmusikkorps des Wachbataillons. Die Maschine hob um 9.15 Uhr vom Boden ab. Solche

Hymnen, Alibi für alle Vaterländer, bieten immer wieder Anlaß, zu stutzen.

Und dann mußte auch die Geschichte stutzen: Fast auf den Tag ein Jahr danach, am 12. September 1974, setzte General Aman Andom den Kaiser ab und übernahm an der Spitze eines »Koordinierungskomitees der Streitkräfte« den Regierungsvorsitz. Die revidierte kaiserliche Verfassung wurde außer Kraft gesetzt. Ziel der militärischen Machtübernahme war die Zerschlagung des Feudalsystems in Äthiopien. Am 23. November 1974 wurde Andom von anderen Offizieren getötet. An diesem Tag ließ das neue Regime sechzig Politiker ohne Gerichtsurteil erschießen.

Bis heute hat man nicht erfahren, ob Haile Selassie I. eines natürlichen Todes gestorben ist. Die Geschichte warf ihn ins Dunkel. In einen VW-Käfer habe man ihn gepackt, und der sei spurlos verschwunden.

Seit dem 24. Januar 1975 trägt das Wappen von Äthiopien den Löwen ohne die Kaiserkrone, und der trägt eine Lanze statt des Kreuzstabes. Lang lebe unser siegreicher Herrscher ...

1971. Nach zwei Kaiserlichen Majestäten, Haile Selassie 1954 und Schah Pahlevi 1967, kam 1971 ein dritter Kaiser nach Bonn und stiftete am Rhein einige Verwirrung: Kaiser Hirohito, 124. Tenno, das heißt »Himmlischer Herrscher«, von Japan, der in einer Neujahrsbotschaft 1946 seine Göttlichkeit verneinte, mit der Kaiserin Nagako. Uns Normalverbraucher widerfährt es schon beim allerersten Anblick einer Kaiserlichen Majestät, die sich auch noch Mikado oder Tenshi, das heißt »Himmelssohn«, nennen kann, in Abgründe der Meditation zu stürzen, wenn das höhere Wesen aus der fernen Welt erscheint. Pünktlich um 11.45 Uhr am 11. Oktober 1971 landete der Japan-Jet auf dem Flughafen und rollte auf »Position Staatsempfang«. Dann raste das Protokoll, das immer den Eindruck der ernstlichen Verstimmung macht, denn jeder falsche Schritt scheint eine Panne anzukündigen. Roter Teppich, Gangway, Protokollchef Schwarzmann, leicht vornübergeneigt, mit Besenstiel im Kreuz, keine wehenden Rockschöße des Cutaways, sondern dunkler Anzug.

Gastgeber Bundesratspräsident Koschnick rauf auf die Gangway und hinein in das Flugzeug. Dann erschien der Gast im dunklen Anzug, dahinter die Kaiserin, 21 Salutschüsse, Schwärme von Vögeln suchten im Hintergrund erschreckt das Weite.

In Linie zu einem Gliede angetreten, alles leger, dunkle Anzüge, eine Dame in Rot, Frau Scheel in Schwarz mit rotem Hut, das war das Eröffnungsbild. Frau Koschnick überreichte der Kaiserin Chrysanthemen. Angetreten waren Außenminister Scheel und die drei Staatssekretäre Ahlers, Spangenberg und Frank mit ihren Damen.

Was sofort ins Auge sprang: Ferne Wesen sind da erschienen. Der Kaiser, siebzig Jahre alt, bei dessen feierlichem Auftreten die Worte gleich ersterben müßten, wie ein gepflegter Emeritus, Fach Hydrozoen, ganz und gar ein geistiger Typ, die Kaiserin, achtundsechzig, Porzellanfigur, trippelnden Schrittes in Hut und braunem Mantel, fast vom schwerelosen Gang der Japaner. Zwei deutsche Damen riskieren Hofknickse, die japanischen Diplomaten und ihre Frauen machen tiefe Verbeugungen. Japanerinnen sind allesamt niedlich anzuschauen. Das Wachbataillon pikobello, je eine Kompanie Heer, Luftwaffe und Marine präsentiert die Karabiner 98k, Nationalhymnen, selbst das Deutschlandlied in getragener Weise, Abschreiten der Front, Präsentiermarsch, Einsteigen in die beiden Sechshunderter. Kolonne ab.

Vier Starfighter der Bundeswehr flogen von den Alpen bis an den Rhein Ehrengeleit. Über München hatte die Maschine über dem Olympiagelände einige Biegen geflogen, um den allerhöchsten Herrschaften das bisherige Resultat des deutschen Bemühens um die Olympiabauten wenigstens andeutungsweise zu zeigen. Der frühere deutsche Botschafter in Japan, Heinrich Northe, und seine Frau, ferner Frau Helga Krapf und Konteradmiral Günter Poser waren dem Kaiserpaar als Ehrendienst attachiert. Triumph des letzten Monarchentums war die Begleitung des Kaisers. Ratlos steht der Europäer vor solcher Hierarchie: Außer dem Chef des Kaiserlichen Hofamtes waren das der Oberhofmarschall und der stellvertretende Oberhofmarschall, der Oberzeremonienmeister, der Zeremonienmeister, der

Chef des Protokolls des japanischen Außenministeriums, eine Erste Hofdame und drei weitere Hofdamen, ein Chefhofarzt und ein Apotheker, der Abteilungsleiter der Kaiserlichen Hofpolizei und der Chef der Kaiserlichen Eskorte, zwei Kammerherren, eine Kammerfrau und eine Friseuse.

Das bürgerliche, demokratisierte, republikanische Bonn brachte dem Kaiserpaar sein Willkommen dar. Die Landschaft ist momentan wunderschön herbstlich herausgeputzt. Die Adenauerallee, mehrere Jahre eine schlimme Baustelle, ist über Nacht mehr als zur Hälfte fast eine Via triumphalis geworden. Die Rheinländer brauchen kein Alibi, wenn sie allerhöchste Herrschaften zu empfangen haben. Die Bonner haben sich angestrengt. Viele Fahnen, das Sonnenbanner und schwarzrotgold.

Siebzehn weiße Mäuse brausen dem Kaiserkonvoi voraus. Es quillt nicht wie bei de Gaulle oder bei der Queen aus den Seitenstraßen, aber einige Tausend Menschen säumen die Wege. Schrecklich verarmt ist diese Bundesrepublik, daß sie solche Staatsvisiten in einem Gästehaus unterbringen muß, das als Wohnbungalow für kinderlose Ehepaare gedacht ist. Die Monarchen schlafen in Mönchszellen, nur nicht so hart. Die kaiserliche Suite ist im Palmenhaus in der Villa Hammerschmidt, also einer Dependance des Bundespräsidialamtes, und im Hotel Tulpenfeld untergebracht. Zaghaft sagen die Japaner nichts, aber vermutlich werden sie denken: Wir sind ja nur 51 Stunden in der Bundesrepublik.

Beim Mittagessen in der Villa Hammerschmidt amtierte für den Bundespräsidenten der Bundesratspräsident Koschnick. Frau Heinemann, um sie herum ein

Schwarm großer und kleiner Probleme, schaffte es auch ohne ihren Mann. In der Godesberger Redoute stand das Diplomatische Korps und wurde vorgestellt. Das Protokoll trieb ein Uhrwerk und hielt es in genauestem Gang. Wie gut nur, daß es das Protokoll gibt. Der Hamburger Meeresforscher Dr. Hjalmar Thiel, der seit mehreren Jahren bereits mit Kaiser Hirohito korrespondierte, dessen Passion die Meeresforschung ist, durfte über eine halbe Stunde mit dem Kaiser allein sein, von Meeresforscher zu Meeresforscher gewissermaßen.

Die Komparserie, die sich abends im Schloß Brühl drängte, war das Establishment, bestehend aus Ministern, Parlamentariern, hoher Bürokratie, Industrie, Handel, Lobby und Universitätsintelligenz, die sich für Einigkeit und Recht und Freiheit und das Sonnenbanner in Frack, Smoking, Uniform und große Garderobe geworfen hatte.

Zeit, Ort, Ablauf, Gesichter, Vokabeln, Gespräche – es ist immer das gleiche bei Staatsempfängen, etwas Festprunk, Glanz und Gloria, Pracht und Aufwand.

Glanzpunkt war in Schloß Brühl, natürlich, das Kaiserpaar. Auffallend bei den Japanern die stark zivile Komponente. Kein einziger militärischer Adjutant gehörte zur Kaisersuite. Der liebenswerte zierliche Kaiser, der scheu und von den Strapazen langer Reisen gezeichnet war und damit auf seine Weise fertig zu werden versuchte – jede Bewegung schien Reflexbewegung zu sein –, die Kaiserin, in der Hektik der gesellschaftlichen Zwänge rührend anzusehen, wurden vom gastgebenden Koschnick, einem Riesen von nahezu 1,90 Meter, überragt. Ein warmer Regen von Orden ging auf die Deutschen nieder, darunter das »Großkreuz des allerhöchsten Chrysanthemen-Ordens« für Heinemann (Koschnick bat als Mann einer Hansestadt, von der Verleihung an ihn abzusehen, man trage in Bremen keine Orden), für Frau Heinemann der »Orden der kostbaren Krone«. Die Staatssekretärin Katharina Focke bekam einen sehr hübschen, mit Perlen besetzten Orden, einige Notabeln bekamen den »Orden vom heiligen Schatz«, andere den in fünf Klassen verliehenen »Orden der aufgehenden Sonne«. Die Japaner ihrerseits, bis zur Friseuse, erhielten 38 Bundesverdienstkreuze in verschiedenen Preislagen.

Protokollchef Dr. Hans Schwarzmann inszenierte sein letztes Stück. Er inszenierte natürlich keine Tragödie à la Madame Butterfly, sondern ein freundliches Stück. Das Essen nennt man Galadiner. Die Aufzählung der Gänge, wie immer zwölf Minuten je Gedeck, ist Chronistenpflicht: norwegische Lachsforelle in Dillgelee und Kräutersahne, schottische Hühnersuppe mit Backpflaumen und Lauch, Frischlingsrükken vom Schwarzwild aus der Eifel mit Steinpilzen und Preiselbeeren, Artischockenböden mit Pfifferlingen, Berny-Kartoffeln, Mocca, Parfait auf beleuchteten Sokkeln. Ein Portiönchen Kaviar, der vorgesehen war, wurde von allerhöchster Stelle aus optischen Gründen gestrichen.

Man kann unbedenklich sagen, daß einige Leute beim Verneigen vor dem Kaiserpaar ziemlich hölzern und nicht wie ein Strichpunkt, sondern wie ein vornübergebeugtes Komma aussahen.

Die Strenge der japanischen Geschichte, kaiserliche Würde auszustrahlen, ließ der Kaiser keinen Augenblick außer acht. Eine große, wenn auch eigentümliche Wirkung geht von Hirohito und der Kaiserin aus. Die

Während Bundeskanzler Kurt Georg Kiesinger (rechts seine Ehefrau) den Präsidenten von Birma, General Ne Win, und dessen Ehefrau am 17. Oktober 1968 zum Empfang bittet, erhält die imposante Kellnergarde von ihrem Maître letzte Anweisungen.

März 1969. Illustre Gäste: Der Präsident des Kongo, Joseph Désiré Mobutu, gibt einen Empfang zu Ehren des Bundespräsidenten. Von rechts: Mobutu und Wilhelmine Lübke, Heinrich Lübke und die Frau des Präsidenten. Im Hintergrund Bundeskanzler Kurt Georg Kiesinger.

Oben: Februar 1972. Auch er wurde hier schon begrüßt:
Ugandas Idi Amin Dada mit Staatssekretär Sigismund von Braun.
Unten: Während seines Staatsbesuchs (7. 5.–11. 5. 1973)
gibt Österreichs Bundespräsident Franz Jonas (rechts) einen
Empfang auf Schloß Gymnich in der Eifel.

Oben: Bundespräsident Gustav Heinemann mit seinem Gast, König Olaf V. von Norwegen, beim Abschreiten der Ehrenformation am 4. Juni 1973.
Unten: Mai 1976. Lockerer als sein Vorgänger: Walter Scheel mit Tansanias Nyerere. Links Außenminister Hans-Dietrich Genscher.

Augen der etwas pausbäckigen Kaiserin sind voll Klugheit und Heiterkeit.

Auch unsere Ministerschaft, leutselig wie selten, zog in ruhelosem Zustand durch die Menge. Landwirtschaftsminister Ertl wollte partout Gerhard Schröder für die Ostpolitik gewinnen. Beim Außenminister Scheel, der Format gewonnen hatte, war sozusagen imaginativ zu erforschen, was er dachte. Jedenfalls schien die Politik dieser Regierung, so schien er zu denken, mehr Anhänger zu haben, als manch einer vermutete. Verkehrsminister Leber kam selten in die Lage der Verdrückung. Der tüchtige Mann kommt nicht umsonst aus dem Lande, wo man weiß, daß die größten Ochsen nicht die größten Furchen ziehen. Er unterhielt sich, per Dolmetscher, mit dem Kaiser über Verkehrsprobleme.

Lebendige Beziehungen konnten an der Abendtafel hergestellt werden. Der Staatssekretär Ahlers saß Fritz Berg gegenüber und hatte ihn fest im Auge. Aber der Regierungssprecher horchte vergeblich auf das Berg-Wort, das Floating sei das Schlimmste, das es in den letzten siebzig Jahren gegeben habe, und dagegen sei Hitler nur ein Waisenknabe gewesen. Der Bundesminister Eppler, der Erfinder des häßlichen Deutschen, war nicht da.

Und wieder Elizabeth: Handschlag und »Hofknicks«

Die Königin saß beim Festbankett neben dem Kanzler. Es gab einen kleinen Exkurs über Weine. Dann hob Elizabeth ihr Glas und sagte: »Schmeckt Ihnen der Wein, Herr Bundeskanzler?« Der Kanzler milde: »Majestät, ich schicke Ihnen mal welchen.«

Die Königin saß neben dem Bundespräsidenten Scheel. Exkurs über Weine. Scheel hob sein Glas und sagte: »Majestät, schmeckt Ihnen der Wein?« Elizabeth lächelte, dachte an den Kanzler von damals, der Adenauer geheißen hatte – es war im Buckingham-Palast gewesen – und der ihr dann zum nächsten Weihnachten eine Kiste exquisiter Spät- und Auslesen geschickt hatte: »Herr Bundespräsident, er ist ein wenig trocken, oder wie sagt man bei Ihnen?« Perplex über den Freimut der Königin antwortete Walter Scheel, es ist verbürgt: »Majestät, ich schicke Ihnen was Süffigeres.« Noch rechtzeitig war ihm die Adenauer-Anekdote eingefallen. Es war Montagabend in Schloß Brühl.

Ein wenig trocken – das ist heute die dosierte Gala der Demokraten. Zwar gab es wieder den Frack (und also Orden), doch mehr als die Hälfte des Mannsvolks kam im Smoking. Der Generalinspekteur und die drei Inspekteure der Bundeswehr ließen sich in neuer unauffälliger, deswegen auffälliger Gesellschaftskluft sehen. Die Armee stellte sich dar. Auch der Klerus, von der römischen und der lutherischen Couleur, war vertreten.

Der Bundespräsident und Frau Mildred gaben sich die Ehre. Im Treppenhaus des Brühler Schlosses, draußen mit einem Marsch aus der Zeit Friedrichs des Großen empfangen, standen die beiden Staatsoberhäupter, »Elizabeth die Zweite, von Gottes Gnaden Königin des Vereinigten Königreichs von Großbritannien« und Walter Scheel, der Bürgersohn. Daß die Einrichtungen von Gottes Gnaden so unvollkommen sein können wie die menschlichen Einrichtungen, hatten die zweihundert meist britischen Journalisten bald heraus. Sie wurden in einem entlegenen Seitenraum abgefüttert, wohin die einstigen Kurfürsten ihre Domestiken verwiesen hatten.

Noch vor dreizehn Jahren, 1965, als die Königin hier im Schloß hof hielt, bestand die Weisung, sie nicht zu berühren, ihr weder einen Handkuß noch einen Handschlag zu geben, noch sie anzusprechen. Diesmal gab es Handschlag und »Hofknicks«, obwohl gebeten worden war, den Hofknicks sein zu lassen. Mit großer Bravour vollzog als erste die Gräfin Lambsdorff einen Knicks, dann die Damen Leisler Kiep, Beitz, Liesenfeld, Juliane Siemens, die Fürstin Tatjana Metternich und die Gemahlin des Vorsitzenden der Bundespressekonferenz, gewissermaßen für das Korps aller Korrespondenten.

Die tiefsten Verbeugungen gelangten Helmut Kohl, dem Oppositionsführer, und dem Staatsminister Wischnewski. Ob die Majestät erschrak? Im nachhinein darf es der Beobachter erzählen. Im Treppenhaus passierten keine Karambolagen und Unglücksfälle. Jeder Knicks diente jedenfalls, so bemerkte der einstige Regierungssprecher Conrad Ahlers, dessen Vater am Beginn des Ersten Weltkrieges als Exportkaufmann und deutscher Wahlkonsul in Sunderland in England zum Tode verurteilt, später aber freigesprochen wurde, der deutschbritischen Freundschaft.

Die deutsche Hocharistokratie war, obwohl nach Deutschland viele verwandtschaftliche Beziehungen führen, kaum vertreten – die Königin hatte sie für Dienstag abend eingeladen. Die natürliche Würde der Königin spiegelte sich im Widerspiel ihres Auftretens. Man zögerte lange, das Wort niederzuschreiben: Ein letztes Monument von Hoheit ist diese Frau. Sie trug ein Diadem auf dem Kopf und ein Kollier mit Brillanten und Saphiren, mit dessen Gegenwert sie das ganze Schloß Brühl hätte kaufen können. Und noch etwas: Die Monarchin wirkt durchaus nicht wie eine Heroine wie einst ihre Ururgroßmutter Viktoria.

Die größte Gala gab es im Mai 1965, als 2900 Gäste nach Schloß Brühl kamen. Diesmal waren es nur etwas mehr als dreihundert zum Abendessen. Auch den Glitzerglanz aus den sechziger Jahren gibt es nicht mehr. Die Damen – allgemeine Verblüffung – sind heute allesamt hochgeschlossen. Ob mollig oder graziös, man sieht nichts mehr von weiblicher Artung.

Das Wachbataillon mit dem Musikkorps der Bundeswehr und die Regensburger Domspatzen taten ihre Pflicht, die Soldaten traten bei Fackelschein ins Gewehr und präsentierten, die Sängerknaben strapazierten die Stimmbänder. Nur gut, daß es das Protokoll mit seinen vielen Pannen gibt. Eine richtige Königin, an der alles echt ist, hat noch heute die Funktion, Königin zu sein. Mehrere Tausend Brühler Bürger, meist Frauen, beklatschten die Anfahrt des monströsen Rolls-Royce. Es hätte den Charakter der Majestätsbeleidigung, wollte man Elizabeth Alexandra Mary sagen, ihre Hütchen würden wohl ewig ein Problem sein. Das gilt auch für die deutsche Zelebrität, obgleich man ins Schloß ohne Hut kam.

Breschnew dreimal am Rhein

Am frühen Samstagnachmittag, am 19. Mai 1973, war es soweit: Bundeskanzler Brandt hatte dem Generalsekretär Breschnew das Staatsgeschenk der Bundesregierung ausgehändigt, nämlich einen 450 SLC, silbergrau, und damit ein Prunkstück der deutschen Automobilindustrie, dessen guter Stern auf allen Wegen taktvoll, aber charmant mit der Bezeichnung als Erzeugnis einer »Stuttgarter Automobilfirma« umschrieben wird. Der Generalsekretär saß schon am Steuer, neben ihm der Firmenfahrer, der fast die Chance hatte, mit dem Generalsekretär ins Jenseits befördert zu werden. Breschnew nämlich trat aufs Pedal, und ab ging die Post vom Petersberg mit einem Dutzend Haarnadelkurven hinunter in Richtung Königswinter. Es war lebensgefährlich. Im letzten Augenblick konnte sich ein Wagen der Sicherungsgruppe hinter den Breschnew-Wagen setzen. Im Nu wurde über alle Funkgeräte an die an der Serpentinenstraße postierten Bundesgrenzschutzbeamten höchste Alarmstufe gegeben. Das Ereignis war unberechenbar, aber es ging gut.

Brandt, seit einigen Jahren Münzensammler, wie es heißt, bekam als Gegengeschenk eine wertvolle russische Sammlung alter Münzen. Frau Breschnewa wurde ein zwölfteiliges Porzellanservice der Königlichen Porzellanmanufaktur Berlin übermittelt, womit zwei Fliegen sozusagen mit dem Berlinetikett gefangen werden sollten. Frau Brandt schließlich erhielt von Breschnew einen großen pakistanischen Tikin-Teppich.

Bald darauf machte sich über dem Rheinland, am deutlichsten wohl in der Petersbergregion, ein schneller Wetterumschlag bemerkbar. Warmluftmassen mit einem Tief kamen an. Das Thermometer kletterte am Rhein auf 25 Grad. Der vegetativ offenbar etwas labile Breschnew zeigte, wie man erfuhr, Verstimmungen im Befinden. Er mußte sich hinlegen und sich etwas Ruhe gönnen.

So kam das Gespräch Breschnews mit Männern der deutschen Wirtschaft, das am Samstag um 17.00 Uhr beginnen sollte, erst kurz vor 19.00 Uhr zustande. Der Kanzlerbungalow, von Ludwig Erhard 1964 erbaut, eines der schönsten modernen Bauwerke landauf und landab, war die Stätte, wo man sich traf. Die gewandten, welt- und redekundigen Herren der Industrie saßen schließlich dem mächtigen Mann aus Moskau gegenüber, und beide Seiten formulierten ihre Offerten und Wünsche. Neben Außenminister Scheel und Wirtschaftsminister Friderichs waren noch Minister Ehmke, der Staatssekretär Rohwedder, die deutschen Mitglieder der Gemischten Deutsch-Sowjetischen Wirtschaftskommision, der Ministerialdirektor Hermes (Auswärtiges Amt) und die Ministerialdirigenten Frau Helga Steeg (Wirtschaft) und Loos (Technologie) anwesend.

Auf der Industrieseite saßen die folgenden Kaliber und kauten an der Erkenntnis, daß Breschnew doch wohl ein passabler Mann sein müsse: Beitz, Hansen, Münchmeyer, Wolff von Amerongen, Mommsen, von Bennigsen-Foerder, Pavel, Werner, Leibkutsch, Korff, Overbeck, Dietz und Zahn. In solchen Situationen konnte keiner besser Mißtrauen abbauen als der damalige Außenminister Scheel, der sich, wenn eine Sache nicht vorwärtszukommen schien, lieber dem scherzenden Wort als Geistreicheleien hingab.

Ohne jeden Kommentar blieben die Essen aufzuzeichnen, die am ersten Abend (Gobelinsaal des Palais

Schaumburg) und am zweiten Mittag (im Kanzlerbungalow) von Bundeskanzler Brandt gegeben wurden. Fünf Frauen unter 56 Männern beim Abendessen des Bundeskanzlers für den Moskauer Gast waren ein bißchen wenig. Man möchte sich gern mit den Damen solidarisch erklären, die da unter dem Mannsvolk saßen. Bei Tische saßen, abendfüllend, die sowjetische Ministerin Furzewa, Frau Falina, die Bundestagspräsidentin Renger und die Damen Brandt und Scheel im Kreis der Männer. Brandt saß zwischen Breschnew und Frau Furzewa, gegenüber seine Frau Rut zwischen dem Außenminister Gromyko und dem Außenhandelsminister Patolitschew. Wolff von Amerongen saß neben dem Gesandten Kaplin von der Rolandsecker Sowjetbotschaft, Berthold Beitz und IG-Metall-Loderer neben dem Generalleutnant Antonow. Der Botschafter Falin war eingerahmt von Ministerpräsident Kühn und Oppositionsführer Carstens, Frau Falina saß zwischen Kiesinger und Helmut Schmidt. Es gab Rehrücken »Baden-Baden«.

Beim Arbeitsessen des Bundeskanzlers am Samstagnachmittag gab es nur 31 Gedecke: Mastente à la Orange mit Graacher, Deidesheimer und Dernauer Gewächsen. Am Montagabend gab Breschnew auf dem Petersberg ein Gegenessen.

Wer den Mann leiblich sieht, wird sofort die bildliche Vorstellung revidieren. Neben Bundeskanzler Brandt, der neuerdings, weil er nicht mehr raucht, von ziemlicher Leibesfülle ist, wirkt Breschnew schmal und mindestens einen halben Kopf kleiner. Das breite Gesicht drückt Konzentration aus, auf dem allerdings von Mal zu Mal Stimmungsschwankungen zu erkennen sind. Das Auf und Ab der Mundwinkel sagt da viel aus.

Ganz klar steckt Neugier in den Augen des Mannes, der diesen seltsamen Westdeutschen, diesen einstigen Kriegsgegnern, gegenübertritt. Breschnew scheint aufs höchste fasziniert. Bemerkenswert, wie er an Journalisten herantritt, sie förmlich animiert, ihn zu fragen und das Mikrofon hinzuhalten. Wer ihn lange, wiederholt und aus nächster Nähe beobachtet, glaubt deutlich zu erkennen, daß er die Abwehrstellung, wie man sie bei den meisten Sowjetrussen ins Gesicht geschrieben sieht, längst aufgegeben hat. Zwar stehen an den Straßenrändern keine Menschen, die ihm Ovationen darbringen, aber dieses Gastgebervolk ist ihm höchst interessant.

Eine eigentümliche Bewandtnis muß es auch mit der Rhein- und Siebengebirgslandschaft haben, die das saftigste Grün zeigt, das es im Jahresablauf gibt. Blicke der Anerkennung vor allem von der Terrasse seines Domizils auf dem Petersberg: »Wie in Oreanda!« – Das liegt auf der Krim. – Er entdeckt, daß dies eine Landschaft der Versöhnung ist, obgleich man gerade hört, daß in der Berlin-Frage von den Sowjets harte Positionen bezogen worden sind. Der Bundeskanzler vor dem Bungalow zu den Journalisten, sich selbst persiflierend: »Jetzt wollen wir ein bißchen leutselig sein.« Und dann so unverbindliche Sätze: »Es läuft ganz gut, ich bin zufrieden, aber wir haben zuwenig Zeit zu Gesprächen, es laufen zuviel Parallelunterhaltungen.«

Man steht im Park des Palais Schaumburg. Man will das Ganze nicht besser machen, als es ist: mehrere hundert bewaffnete Bundesgrenzschützer, alle gut gedrillt auf möglichst unauffälliges Auftreten, zum Teil in Büschen postiert, keine Langmähnen wie bei der Polizei. Rasen darf betreten werden; zwei Wasserwerfer, zwei Schützenpanzerwagen, Mannschaftstransportwagen; für alle Fälle.

Plötzlich die Annonce der Vergangenheit: Da stehen die drei Grazien von Heiliger. Und da liegt der Bocciaplatz. Die Assoziation ist sofort da. Hier wirkte der, der schon 1955 mit Bulganin und Chruschtschow die Aussöhnung vorwärtsbringen wollte.

Eine Visite bei den DKP-Demonstranten in der Bonner City. Das Rot der Revolution leuchtet. Die Zahl der Demonstranten, vom Hubschrauber im Schaubild einigermaßen verläßlich geschätzt: 15000 bis 18000. Bei den Notstandsmärschen 1968 waren es 25000 bis 30000. Aber damals ging man auch ins Café und stellte die rote Fahne in den Schirmständer. In den Ansprachen im Hofgarten schallt die revolutionäre Dialektik des 19. Jahrhunderts über die Lautsprecher: »Es leben die Sowjetunion und der Genosse Breschnew.« Überwiegend ist es junges Volk, ist es jene hemd- und büstenhalterlose Generation: straffe Organisation, diszipliniert, die Teilnehmer sehr selbstbewußt; vor dem Demonstrationszug, der die Bourgeoisie erschrecken soll, werden Flaschen, Bierbüchsen, Pappteller, Papier auf einen Haufen geworfen; mal zeigen, was Ordnung ist!

Die mittlere Generation fehlt fast ganz. Noch manche Altkommunisten, die »Proletarier« von einst, mit ausnahmslos gut geschnittenen Köpfen. Ein Ordner mit Armbinde der DKP: »Solche Demonstrationen können wir uns nur in Bonn erlauben.« Bedrückend am Rande des Hofgartens etwa zwanzig Juden in KZ-Kleidung mit gelbem Judenstern. Ein Fünfundsechzigjähriger trägt ein Schild auf der Brust: »Breschnew, laß meine Frau und meinen Sohn heraus.«

Die Frage der Sicherheit für den Gast hat überall Vorrang, und insofern hat der Abteilungspräsident Dr. Hans-Wilhelm Fritsch, Chef der Bonner Sicherungsgruppe, recht, wenn er sagt: »Über Sicherheit kann man nicht sprechen, es sei denn, man handelt verantwortungslos.« Es gilt, Breschnew heil über die Runden zu bringen. Da kann auch eine siebenstellige Summe für Absperrmaßnahmen nicht stören. Einsam wartet der hellrot gestrichene Bundeswehr-Sanitätswagen mit dem Blutplasma und dem Anästhesisten.

Im Aufzug des Hotels Petersberg bleiben in der Nacht vom Samstag zum Sonntag Breschnew und Scheel stekken, weil statt fünf sieben Personen ihn frequentieren. Der Fall sollte keine tiefere Bedeutung haben, sagt man.

Am liebsten hätten die für die Sicherheit des sowjetischen Staatsgastes Verantwortlichen dem Generalsekretär Breschnew befohlen, das Schiebedach seines Wagens nicht zu öffnen. Aber schon am Sonntagnachmittag, bei Breschnews Fahrt vom Petersberg auf der rechten zum Venusberg auf der linken Rheinseite, nämlich zur Wohnung des Bundeskanzlers Brandt, fand der Sowjetrusse Geschmack daran, sich im Wagen hinzustellen, Kopf und Oberkörper durch das Schiebedach zu zwängen und unablässig den Leuten zuzuwinken. Viele Spaziergänger waren an diesem Sonntag unterwegs.

Mit einem Übermaß an Lächeln präsentierte er sich den Deutschen, die aus dem Staunen nicht herauskamen und ausnahmslos dem Moskauer Gast zurückwinkten. Es war nicht wegzuleugnen, daß Breschnew Kontakt zu den Deutschen gesucht und gefunden hatte. Es bleibt Geheimnis, was diese Offensive des Lächelns veranlaßt hatte.

Am Montag flog Breschnew, das Dortmunder Besuchsprogramm nicht ohne Anlaß über den Haufen werfend, als Gast der Landesregierung von Nordrhein-Westfalen vom Petersberg – er hatte dort vorher mit Vertretern des Deutschen Gewerkschaftsbundes, Heinz-Oskar Vetter an der Spitze, ein längeres Gespräch geführt – mit dem Hubschrauber in den Oberbergischen Kreis nach Nümbrecht bei Gummersbach, und zwar zum Schloß Homburg. Es war klar, daß Breschnew mit den großen Städten nicht konfrontiert werden sollte und wollte. Fragen der Sicherheit hatten diese Programmkorrektur bestimmt. Ihm wurde im Bergischen eine der schönsten Mittelgebirgslandschaften im »Land der tausend Täler« vorgeführt, im klassischen Land der Sekundär- und Veredelungsindustrie, wo man das Ausmaß des Strukturwandels von Ackerbau und Viehzucht zur vielfältigen Industrialisierung, zur industriereichen Aggertaler Wirtschaftslandschaft durch bloßen Augenschein erkennen konnte.

Diese infrastrukturierte Wirtschaft mußte den diplomierten Metallurgie-Ingenieur und gleichzeitig gelernten Agronomen Breschnew im höchsten Maße interessieren, wenn es auch nur aus der Sicht des Hubschraubers war. Nur vierzig Kilometer Luftlinie ist die Strecke vom Siebengebirge zum Schloß Homburg.

In der Burgküche von Schloß Homburg, ehemals zur Standesherrschaft des Fürsten Sayn-Wittgenstein-Berleburg gehörend, der im 19. Jahrhundert die landesherrlichen Rechte an Preußen abtrat, wurde zu Mittag gegessen. Ministerpräsident Kühn und sein Stellvertreter, Innenminister Weyer, sowie Justizminister Posser und Bundesratsminister Halstenberg empfingen die Gäste um 13.30 Uhr zum Mittagessen an der alten Burgmauer.

Die Absicht, Breschnew mit einer Postkutsche, nachgebaut einer Kutsche aus dem Jahre 1885 aus dem Berliner Reichspostmuseum, bespannt mit zwei Haflinger Pferden des Bauern Stöcker, in den Innenhof der Burg zu kutschieren, mußte aus Zeitgründen unterbleiben. Kühn und seine Minister begleiteten Breschnew, Bundeskanzler Brandt und die Delegation dann in die Burg. Nach dem Essen im Rittersaal kam es zu Gesprächen über Art, Wesen und das Typische von Land und Mensch. Die Gemeinde Nümbrecht wartete mit etwas Folklore auf, je fünf Mädchen und junge Burschen in oberbergischer Tracht. Irgendwo sind diese Trachten steckengeblieben: Sie erfüllen schon seit den Tagen eines gewissen Robert Ley, der hier aus einem Nachbardorf stammte, ununterbrochen die banale Funktion der Fremdenverkehrswerbung. Breschnew konnte im ersten Augenblick die Verlockung, den Journalisten und Reportern entgegenzueilen und sich ihrer Mikrofone zu bemächtigen, kaum meistern. Doch Polizei und Sicherheitsbeamte, die schon vier Tage lang zitterten, konnten ihn, Brandt und die Minister ins Schloß abdrängen. Wohin die Fahrt in Wirklichkeit politisch ging, konnte man von den Gesichtern Breschnews, Gromykos, Brandts, Bahrs und von Wechmars nicht ablesen. Sie nahmen alle am Essen teil. Die Anwesenden schwelgten im Genuß eines richtigen oberbergischen Spießbratens. Von Spießgesellen sprach niemand.

Nein, ein Bacchanal wie bei Peter dem Großen war das Abschiedsessen am Montagabend im Marmorsaal des Hotels Petersberg nicht, das der Generalsekretär der KPdSU, Leonid Iljitsch Breschnew, gab. Aber die Knie konnten einem schwach werden, es mußte einem auf Herz und Magen gehen, und soviel war gewiß:

Keiner der 128 Gäste schaffte dieses Menü ganz: Beluga Malossol, Kaviar, Keta Kaviar; gemischte Fischplatte: Lachs, warm geräucherte Scherge; gefüllte Puterbrust; Starletsuppe mit Rasstjegay; Stör Moskauer Art; Schaschlik kaukasisch; Eis mit Erdbeeren; Wodka »Stlitschnaia«; »Zinandali«, »Mukusani« (grusinische Weine), Krimsekt.

Eine dreißig Mann starke Kellnertruppe mit mehreren Ober- und Chefkellnern trat vor jedem Gang geschlossen im Marmorsaal in Erscheinung und versuchte, das erlesene Essen zu zelebrieren. Die Russen kennen noch was von alter Eßkultur, die Direktion Steigenberger machte es möglich. Das Unvereinbare wurde zum Ereignis, die Chemiker des Bundeskriminalamtes Wiesbaden waren anwesend und mußten das Essen vorher prüfen, und sogar die Breschnew-Blumen für Frau Rut Brandt, 25 lachsfarbene Stielrosen, durchliefen das Röntgengerät.

Am Kopf- und Quertisch der dreifächrigen Tafel saßen in unmittelbarer Kommunikation Breschnew und Brandt. Des Sowjetmenschen Breschnew Träume, falls sie prophetisch sind, deuteten darauf hin: Er hatte sie alle an eine Tafel und gewissermaßen unter einen Hut gebracht – den Wehner und den Strauß, den DKP-Vorsitzenden Bachmann, die Wolff von Amerongen, Friedrich und Friderichs, den Sohl und den Kohl, den Mischnick und den Koschnik, die Kühn, Osswald, Filbinger, Röder, Frau Renger und Augstein und außer Scheel und Ehmke alle Kabinettsmitglieder. Und es waren da der Intendant von Bismarck, Oppositionsführer Carstens, Korf von der Korfstahl AG, Birnbaum aus Salzgitter und Dax von Siemens, der Vorsitzende des Schriftstellerverbandes, Lattmann, und der künftige Beauftragte der Bundesregierung in Ost-Berlin, Günter Gaus. Von besonderer Pikanterie war die lange Unterhaltung bei Tisch des DKP-Vorsitzenden Bachmann und der neben ihm sitzenden Betriebsratsvorsitzenden, Frau Renning, mit den Herren Overbeck und Zahn von der Industrie. Kosmonaut Pykowski, der daneben saß, verstand kein Wort. Am Kopfende saß, wie ein Traum, Zierde einer jeden Zarentafel, der wohlbeleibte Hans-Dietrich Genscher. Franz Josef Straußens Begrüßung durch Breschnew dauerte zwei Sekunden, und dabei blieb es. Die Goldmünze, auf der Vorderseite Straußens Kopf, auf der Rückseite Bayerns Wappen, die er Breschnew schenken wollte, mußte in der Hosentasche bleiben. Das Sowjetprotokoll plazierte ihn beim Essen zwischen den Staatssekretär von Wechmar und Bremens Bürgermeister Koschnick. Wehner hatte das Vergnügen, zwischen Botschafter Falin und dem sowjetischen Botschaftsangehörigen Stukalin postiert zu werden. Wehner wechselte kein Wort mit seinen Nachbarn, Strauß rührte keine Hand bei Breschnews und Brandts Tischreden.

Es waren spiegelfechterische Denkspielereien, als man nach der Unterzeichnung der gemeinsamen Erklärung im Konferenzsaal I des Petersberghotels Breschnew und Brandt im beginnenden Regen im Park spazierengehen sah, um Luft zu schöpfen, und beide zweimal unter einem Parkverbotsschild stehenbleiben sah.

Ausdrückliche Order des Protokolls oder der Sicherungsleute, nicht zu nahe an die vier ins Hotel geladenen Meinungsmacher, die Journalisten, heranzutreten, gab es für Breschnew nicht. Der Generalsekretär hatte offenbar Spaß an diesen Leuten, die ihm sagten, er trage einen gut geschnittenen Anzug, und fragten, ob der aus

Moskau stamme. Selbstverständlich, sagte der Generalsekretär. Und, sagte er, im November bei den Militärparaden, wenn es meist sehr kalt sei, trage er seinen alten Jägermantel, auf den seine Frau einen Persianerkragen genäht habe.

So grobianisch, wie Breschnew zuweilen aussieht, ist er nicht. Den Moskauer ARD-Korrespondenten Fritz Pleitgen nannte er einen »Mordskerl«, und auf das Jagdbuch eines anwesenden Autors – von Jäger zu Jäger –, das ihm Bonns Regierungssprecher von Wechmar empfahl, freute er sich. Hier galt, was der Marschall aus Jugolsawien schon sagte: »Gute Jäger, gute Freunde.« Breschnew: »Ich habe mich hier unbeschreiblich wohl gefühlt.« Er könne es den Leuten vom Protokoll nicht antun, noch einige Tage länger zu bleiben, er habe ohnehin die Termine meist durcheinandergebracht.

Helmut Schmidt zu Falin: »Haben sich die großen Bosse geeinigt?« – »Wie immer!« sagte der Botschafter. Die beiden Bosse, in ihren Tischreden eine Mischung von Unverbindlichkeit, Gemüt und harter Münze – man wunderte sich, daß keine Tränen der Rührung flossen –, saßen um Mitternacht da und gaben Autogramme. Im Zeitalter des »Bonn ist kein Provisorium mehr« sollte sich die Bundesregierung dieses Hotels Petersberg versichern. Bei diesem Besuch wurde es wieder unversehens klar, daß wir eine Staatsherberge brauchen.

Wie eine Präambel hatte drei Wochen vorher Regierungssprecher Grünewald dem Besuch bedeutungsvoll den Satz vorangestellt: »Dieser Besuch ist der Beginn einer neuen Ära.« Hoffentlich, sagten die berufsmäßigen Beobachter, werde den Sprecher nicht die Lust überkommen, wenn sich am 22. Mai, am Dienstag, die

Iljuschin vom Boden hebe, nochmal ähnliche Formulierungen verkaufen zu wollen.

*

1978. Nach Jahren war die Szene wieder ins Schloß Augustusburg in Brühl verlegt. Dreihundert Gäste waren vom Bundespräsidenten und Frau Mildred »Zu Ehren seiner Exzellenz des Generalsekretärs des Zentralkomitees der Kommunistischen Partei der Sowjetunion, des Vorsitzenden des Präsidiums des Obersten Sowjets der Union der Sozialistischen Sowjetrepubliken, Herrn Leonid Iljitsch Breschnew« zum Abendessen eingeladen, »Dunkler Anzug. Langes Kleid« stand auf der Einladung. Die jetzt geltenden Anzugregeln stammen aus der Ära Heinemann. Die Männer sehen alle aus wie erzkonservative Börsenmakler; das »Lange« der Damen ist das schlichte, möglichst dunkle Cocktailkleid; Männer und Frauen »underdressed«.

Im Treppenhaus des Schlosses, wo schon viele wichtige Leute sich präsentierten, von Casanova bis zu Charles de Gaulle, der französische Glorie hierher brachte, wo viele Staatsoberhäupter, Präsidenten, Kaiser und Könige das Defilee über sich ergehen lassen mußten, stand der Gast aus dem Kreml, flankiert vom Bundespräsidenten, vom Bundeskanzler und vom Außenminister. Der Mann des Protokolls sagte jeweils die Namen der Vorbeiziehenden mit den dazugehörenden Titeln. Keiner sah aus, als ob er Bäume ausreißen möchte, obwohl er es gern getan hätte, denn es waren viele Probleme, die da – wenn auch nur metaphorisch – neben den Herren im Treppenhaus standen.

Im Schloß Brühl läßt sich immer noch der Vorstellung nachhelfen, ein Staatsbesuch müsse mindestens, wenn nicht mit einem riesigen Empfang für einige Tausend Menschen, dann doch mit einem Galadiner und einer entsprechenden Gegeneinladung für einige Hundert Menschen verbunden sein. Nichts davon.

Das Publikum wurde ersucht, sich nicht zu wundern, wenn es die gesellschaftlichen Feten über die Röhre ins Haus geliefert bekommt, wenn es weder Wangenkuß noch brüderliche Umarmungen gab.

Wer Molotow, Malenkow, Bulganin, Chruschtschow und Breschnew im letzten Vierteljahrhundert die Hände gedrückt hat: Breschnew hat die weichsten. Er steht da, das Kreuz durchgedrückt, mit den hohen Bögen der buschigen Augenbrauen und den Hängepartien in der Gesichtslandschaft. Da er zwei Ohren hat, hört er das Blabla-Gerede. Am liebsten ließe er den hinter ihm stehenden Dolmetscher »gell« oder ein entsprechend russisches Affekt- oder Füllwort sagen. Unseren Herrn Bundespräsidenten, als die Menschen vorbeidefilieren, hört man den Satz sagen: »Dies ist ein persönlicher Freund von mir«, den Herrn Bundeskanzler: »Was haben Sie gegen mich?« Genscher quittiert Beschwerden gegen das Protokoll, wo man offenbar wieder durchgedreht hat, mit einem lapidaren Kopfnicken, man möge was dagegen tun. Jeder stellt sich dar, wie er ist. Die Kameras laufen live, wie es sich beim Informationsbedürfnis der Nation gehört. Es ist irrsinnig, was wir geschafft haben. Selbst in der riesigen Sowjetunion geht es live über die Scheiben.

Man merkt Breschnews lächelnden Versuch, sich darzustellen: Seht her, bin ich nicht gesund! Doch am Rhein ist momentan ein Wetterumschlag, der Übergang von einem Tief zu einem Hoch und wieder zu einem Tief – der Frühling kam zu stürmisch. Jedermann weiß, daß der labile Breschnew Verstimmungen im Befinden haben kann, er hat etwas Bauch, seinen Herzschrittmacher braucht man nicht erst publik zu machen, sogar von einem Hörgerät wird gesprochen. Er scheint von Angst motiviert, dies durchstehen zu können. Dieses Händeschütteln mit vielen hundert Menschen ist eine Zumutung für den alten Mann. Seine Sprechweise, als er die Tischrede schleppend verliest, müßte ein Signal für alle Ärzte sein. Stimmhöhe, Sprechtempo und Artikulation seiner Baßstimme sind so, daß jeder denkt, jetzt bricht er ab.

Das Essen war um eine Stunde vorverlegt, bereits um 22.35 Uhr verließ er Brühl, ohne die Gesänge des Bielefelder Kinderchors gehört zu haben. Man sah zu, daß er in Gymnich ins Bett kam.

Breschnew war früher entschieden begabt, eine gute Miene aufzusetzen, wenn ihm nicht gerade freundlich gesinnte Leute vorgestellt wurden. Süß-sauer war sein Gesicht bei Helmut Kohl, neutral bei Carstens, Barzel und Gerhard Schröder. Der große Vorsitzende aus München hatte abgesagt: Er habe leider einen Termin bei der Luftfahrtschau in Hannover. Auch der Vorsitzende aus der SPD-Baracke fehlte.

Es ist etwas zugunsten des Satzes zu sagen, wir lebten gefährlich. Man braucht nicht schönzufärben. Sicherheitsstufe I sagt alles. Neben jedem Essenbesteck hätte praktisch eine Handfeuerwaffe liegen müssen, unter jedem Stuhl ein GSG-9-Mann.

Am Tisch Breschnews saß der Apostolische Nuntius im kleinen Dienstanzug, saßen Gromyko, Tichonow und der Außenhandelsminister Patolitschew, die Begleiter Breschnews, ferner Falin und die Falina, der deutsche Botschafter in Moskau, Wieck, Bundespräsident, Bundeskanzler und Außenminister mit ihren Frauen. Frau Heinemann, Heinz Kühn mit Frau, Stoltenberg ohne Frau.

Nur eine geringfügige ironische Behandlung ließ das Namensverzeichnis vieler übriger Gäste zu: Da waren die Inspekteure der Bundeswehr, Hildebrandt, Limberg und Luther, und der Generalarzt, die Professoren Mehnert, Meissner und Klaus Ritter, ferner Baring, Heupel, Koch, Luest, Maier-Leibnitz, Münchinger, Rebentisch, Seefelder. Der Mann im Lutherrock war der hessen-nassauische Kirchenpräsident Hild, und von den Bossen der Industrie, von Handel und Wandel notierte man: Fasold, von Bennigsen-Foerder, Münchmeyer, VW-Schmücker, Schnapka, Mommsen, Beitz, Overbeck, Vetter, Lennings, Hans Friderichs, Sperner, Birnbaum, Emminger, Klasen, Christians, Schnitker, Alex Möller und das halbe Bundeskabinett mit Vogel, Graf Lambsdorff, Frau Huber, Haack, Maihofer, Ertl, Wischnewski. Alles also, was gut und teuer ist. Wehner, Leisler Kiep, Augstein und Bahr sollen nicht vergessen werden.

Zum Essen gab es Tafelmusik, die das Ensemble »Musica Fiata« aus Köln spielte, und bei dem Bielefelder Kinderchor, der mit russischen Volksliedern begann und endete, saß auf der Empore in dieser Reihenfolge – und man tat so, als ob die Bonner politische Welt heil wäre: Scheel, Frau Scheel, Frau Kohl, Genscher, Loki Schmidt, Stoltenberg, Maihofer. So ließen sie sich gern fotografieren. Ende um Mitternacht.

*

1981. Man kann dahingestellt sein lassen, ob die beiden Männer sich daran erinnern, daß sie sich genau vor vierzig Jahren, 1941, als Soldaten gegenübergelegen hatten, vor Leningrad der eine, der Deutsche, noch nicht ganz dreiundzwanzig, als Leutnant und Batterieoffizier in der leichten Flakabteilung 93, der andere, zwölf Jahre älter, als Oberst und Politoffizier der Sowjetarmee. Aber das Kapitel Leningrad haben Helmut Schmidt und Leonid Breschnew schon vor einigen Jahren freimütig abgehandelt.

Das Bild der beiden Männer ist heute den Menschen hüben und drüben vertraut. Die besondere Art ihres hohen Bekanntheitsgrades besteht auch darin – und man will die Tatsache nicht besser und nicht schlechter machen, als sie ist –, daß sie, auch Helmut Schmidt, mit einem Herzschrittmacher zu leben haben. Breschnews Insignien sind die vielen roten Medaillen auf dem Anzug.

Es hat seine Richtigkeit, daß Bonn den Gast aus Moskau noch nicht in der Staatsherberge auf dem Petersberg unterbringen kann, obwohl das Hotel inzwischen vom Bund käuflich erworben wurde – hier wohnte Breschnew im Mai 1973 bei seinem ersten Bonner Besuch –, sondern wieder im 35 Kilometer von Bonn entfernten Schloß Gymnich.

Im Schloß Gymnich wohnte Breschnew auch, als er zum zweitenmal in Bonn war. Einer der beiden mächtigsten Männer der Welt in Bonn – das ist ein Ereignis. Die gesellschaftlichen und protokollarischen Dinge fallen aus der Reihe dieser Ereignisse heraus. Aber beim zweiten Bonn-Besuch eilte Breschnew den Journalisten und Reportern schon nicht mehr entgegen, um sich ihrer Mikrofone zu bemächtigen – er war schon damals erkennbar älter geworden.

Die Gesichtslandschaft des Mannes aus Moskau –

die zudringlichen, immer live laufenden Kameras halten es erbarmungslos fest – läßt nun doch erkennen, daß er deutlich gealtert ist. Zum erstenmal haben diesmal die Russen wissen lassen, daß Breschnew zur Nachtruhe sehr viele Kissen benötige. Das rotierende Protokoll mit dem Grafen Finckenstein als Dirigenten bemüht sich, kein Ungeschick zu entwickeln: Die Kissen sind zur Stelle.

Es läßt sich hinreichend ermessen, wie der Generalsekretär auf dem Gymnicher Pfühl sich wälzt. Das breite Bett in klassizistischer Form, das Badezimmer nebenan mit echt goldenen Beschlägen der Installation mit Spiegelung nach allen Seiten – das muß ein totales Gefühl ergeben. In diesem besagten Bett übernachteten Tito mit seiner Jowanka, König Olaf von Norwegen, Kaiser Hirohito und seine Kaiserin, Indira Ghandi, die US-Präsidenten Ford und Carter und Ägyptens Präsident Sadat. Und im Kurfürstensaal des Schlosses Gymnich tafelten die französischen Präsidenten Pompidou und Giscard d'Estaing, der österreichische Bundespräsident, die niederländische Königin und Henry Kissinger und Jimmy Carter.

Daß vom nächsten Tag an sich in Gymnich einige Situationskomik entfaltet, ist vorauszusagen. Oft genug wird Breschnews physische Hilflosigkeit mit einem Malheur oder Malheurchen offenkundig. Er ist, wie man weiß, nicht gut beieinander, hört schlecht und nur mit einem »Ohrwurm«, und selbst der sprachliche Ausdruck, wie man ebenfalls weiß, macht ihm Schwierigkeiten. Er hat vor einigen Jahren eine Gaumenoperation hinter sich gebracht. Sagt man.

Das ganze Kaleidoskop von Staatsmännern und -frauen, die in diesem breiten Bett übernachtet haben, wird sichtbar. Die Bonner Geschichte der letzten zehn Jahre müßte anfangen zu schwitzen, wenn man die Namen derer, die hier schliefen, nennt.

Das Wasserschloß Gymnich, weit gelegen auf den Feldern der niederrheinischen Tiefebene, verbindet Bonn mit der Welt. Die Frage der Sicherheit hat überall Vorrang. Da kann auch eine siebenstellige Summe für Absperrmaßnahmen und ein Veto von Herrn Finanzminister Matthöfer nicht stören. Es gilt, Breschnew über die Runden zu bringen. Einsam warten schon die beiden Bundeswehrsanitätswagen mit dem Blutplasma und den Anästhesisten. Es ist Novemberstimmung, das Wetter schlecht, der Druck auf den Kreislauf beträchtlich. Die Todesanzeigen im Bonner General-Anzeiger nehmen zwei Doppelseiten ein.

Carter: Glory, glory, halleluja

1978. Lyrisches und Balladeskes, in Töne gebracht vom Rheinischen Hornquartett, strahlte durchs Große Treppenhaus im Schloß Brühl, als das Abendessen des Bundespräsidenten für die Gäste aus Amerika gegen 23.00 Uhr zu Ende war. Und im Faltenwurf der kurfürstlichen Durchlaucht Clemens August an der Wand bestand auch das Pathos dieses Abends mit den Tischreden von Scheel und Carter – bei Carter war es fast eine Regierungserklärung – mit Mozart und Haydn als Tafelmusik, den Jägerliedern aus vier Hörnern als Nachtisch gewissermaßen zu Recht. Es war ein Glanzstück an Musikalität und das Beste, was hier im letzten Vierteljahrhundert bei Staatsfeiern zu hören war: Von »Auf, auf zum fröhlichen Jagen«, »Ein Jäger aus Kurpfalz« bis zur »Battle Hymn of the Republic«: Glory, glory, halleluja! Die Hornbläser seien genannt: Gustav Kedves, Peter Ludes, Karl Hans Güls und Georg Uth.

Daß politische Wichtigkeit keinen Kranz mehr ums Haupt trägt, ist die Konzession an unser demokratisches Zeitalter. Bei Breschnew vor zwei Monaten – er stand im Treppenhaus genau an derselben Stelle wie jetzt Carter – war noch dunkler Anzug, bei Carter Smoking erbeten. Es war nicht ohne Faszination, den beiden Supermännern hier die Hand drücken zu dürfen. Halten wir uns an das Bild. Carter ist offensichtlich ein entspannter Mann, während Bundeskanzler Schmidt und sein Außenminister Genscher vom Streß anscheinend überwältigt werden – ihre Gesichter sind gealtert und stark gezeichnet.

Dreihundert Menschen defilieren vorbei. Es ist zunächst immer nur Impression. Der Geist des Rokoko weht ums Schloß – im Garten waren tausend Hindenburg-Lichter angezündet und das Wachbataillon mit Fackeln aufgezogen. Im Schloß selbst, wo die großartige Innenarchitektur schön zur Geltung kommt, begegnet man Putten und Figurengruppen und viel allegorischem Zierrat.

Ein Hauch von Adenauer weht durch die Räume, der hier, 1954, den ersten Besuch aus Griechenland empfing. Sohn Max Adenauer und Frau drücken jetzt Carter die Hand.

Aus der Tiefe des Raumes erscheint plötzlich Helmut Schön, von der Weltmeisterschaft offenbar genesen, und Helmut Kohl, aus Österreich herbeigeeilt. Fasolt, Sohl, Münchmeyer, Schmücker, Mommsen und Wolff von Amerongen erfahren die Ehre. Keine Kamera nimmt sich der Professoren Hallstein, Bracher, Schulte, Baring an. Aber die Knef kommt ins Bild und Heinz Rühmann. Curd Jürgens mit Begleitung vom rheinischen Uradel namens Schmitz war aus Nizza herbeigeeilt. Ein Peter Schmitz war beim Kurfürsten Hofmaler. Er malte so, wie der Monarch gesehen sein wollte: weithin wirkendes Vorbild nach dem gesellschaftlichen Kanon, wie ein Fürst auszusehen hatte. Kaum anders ist es im 20. Jahrhundert. Carstens, Speidel, Scharf und Vetter, von Weizsäcker und die Vizepräsidentinnen Renger und Funcke, Graf Lambsdorff, Baum und Matthöfer, von Hase, Hiehle und Wehrbeauftragter Berkhan werden begrüßt.

Die Damen lang und hochgeschlossen. Keine von ihnen, außer Maria Ehmke, wagt es bei Carters, öffentlich und keck Bekenntnis abzulegen von dem, was ihnen die Natur verliehen hat.

Keine Unannehmlichkeiten, wenn die Leute von der

Sicherung sogar im Schloß unauffällig ihre Walkie-talkies in Tätigkeit setzen; das muß sein und behelligt niemanden. Es gab gebeizten Lachs mit Wachteleiern, Badische Pilzrahmsuppe, Rehnüßchen, Vanilleeis mit Himbeeren. Bald wissen wir auch, warum wir den Wachtelschlag nicht mehr hören. Grzimek und Herbert Gruhl sollten eingreifen.

Wer sich des Schlosses Augustusburg in Brühl annimmt, ist auf die Literatur angewiesen, und die besagt (in einem Buch des Professors Richard Klapheck) dies: Brühl war die Hauptresidenz der Kölner Kurfürsten. Hier waltete, im 18. Jahrhundert, Clemens August (1700 bis 1761), als Erzbischof geistlicher, als Inhaber der Macht auch weltlicher Herrscher. Er sei populär und beliebt gewesen bei seinen Rheinländern, sagten die älteren Forscher, doch die jüngeren haben hinterlassen (Walter Bader und Max Braubach in: »Aus Schloß Augustusburg zu Brühl und Falkenlust«, 1961), daß sie etwas anderes herausbekamen. Klapheck hatte noch des Kurfürsten Sinn für die Kunst, aber auch für elegante Hofgesellschaften und Gartenfeste, für Jagd, Falknerei und Reiherbeize festgehalten, allerdings auch die vielen Schulden, außerdem den Sinn nach Subsidien. Hingegen sprachen Bader und Braubach von einer »unbedenklichen Vermengung des Weltlichen mit dem Kirchlichen«. Vom Lust- und Jagdschloß Augustusburg wird »wenig Erbauliches, um so mehr Unmoralisches und Schockierendes notiert« (Bader). Zu den hohen Schulden, über die nachzudenken Serenissimus allen Anlaß gehabt hätte, gibt es Braubachs Nachweis, daß Soldaten in Godesberg-Plittersdorf desertierten, weil sie keinen Sold bekommen hatten.

Im Jahre 1961, als das Land Nordrhein-Westfalen mit einer Ausstellung zu Clemens Augusts zweihundertstem Todestag zwei Konvolute herausbrachte, griff ein Nachfahr an der Spitze mindestens eines Teiles der weltlichen Territorien, Dr. Franz Meyers, Ministerpräsident in Düsseldorf, »mit Genugtuung und Freude«

den Gedanken auf, den Kirchenfürsten und Landesherrn, den Bauherrn und Mäzen, »eine der glanzvollsten Persönlichkeiten, die je das politische Schicksal des westdeutschen Raums bestimmt haben«, eben jenen Clemens August, zu ehren, den »Erzbischof zu Köln, des Heiligen Römischen Reiches durch Italien Erzkanzler und Kurfürst, Geborener Legat des heiligen Apostolischen Stuhls zu Rom, Administrator des Hochmeistertums in Preußen, Meister des Deutschen Ordens in Deutschen und Welschen Landen, Bischof zu Hildesheim, Paderborn, Münster und Osnabrück, in Ober- und Niederbayern, auch der Oberen Pfalz, in Westfalen und zu Engern Herzog ...«

Und Monsignore Joseph Hoster, Museumsdirektor zu Köln, brachte diesen Überschwang ins Vorwort: »Clemens August besaß die Fähigkeit umfassender Phantasie für den Bereich des Luxus und der Pracht. Er realisierte kraft dieser seiner Begabung ein brillantes und eigenständiges Lebensvolumen. In feinnerviger Sensibilität wußte er es zu goutieren. Seine Zeitgenossen, die rechneten, seine Nachfahren, die ihn kritisierten, haben ihm diese Entfaltung als katastrophale Verschwendungssucht und sinnlose Geldausgeberei angerechnet. Aber die glühende Farbigkeit seines Lebens, sein ausgebreiteter Luxus bedeuteten ihm einen notwendigen Prachtornat für die Repräsentation seiner Person und seiner Ämter. Sein Luxus war seine standesgemäße Selbstdarstellung.«

Die Geschichte vom Papstbesuch hielt genügend feine Ironie bereit. Am Samstag, dem 15. November 1980, begrüßte Bundespräsident Karl Carstens als Gastgeber im Schloß Brühl Papst Johannes Paul II. Und es war da eine etwas eigentümliche Atmosphäre im

Hause, obschon man längst das ökumenische Gedankengut pflegte. Denn da standen unter den Offiziellen lauter Lutheraner. Mit Carstens und dem Außenminister Genscher, beide lutherisch getauft und konfirmiert, hat der Papst eine Dreiviertelstunde gesprochen. Danach geleitete der Protokollchef Graf Finck von Finkkenstein, ein Lutheraner, den Papst in einen anderen der vier Cuvillier-Räume zu Bundeskanzler Schmidt, zu einem Lutheraner, mit dem ebenfalls ein Gespräch von einer Dreiviertelstunde stattfand. Doch wagte natürlich niemand von ihnen, den Namen Luther in den Mund zu nehmen. Es war dieses heikel-subtile Thema, das auch den zweiten Papstbesuch 1987 durchzog, eines sogenannten Pastoralbesuches in Kevelaer und Dachau mit zwei Seligsprechungen, obschon der Kanzler in Bonn nun ein römischer Katholik war.

1985. Die Gerechtigkeit gebietet zu sagen, daß unser Staat keine graue Maus oder eine grüne Minna sei, wie die »Bild« es 1985 formulierte. Dieser Staat – wir sind wieder wer – hat sich in nur einer einzigen Generation aus dem Kuchen Welt wieder ein mächtig Teil herausgebissen. Und Helmut Kohl, den Präsidenten Reagan 1985 zum Weltwirtschaftsgipfel und zum Staatsbesuch für einige Tage in seiner Obhut, hatte alle Räder seines Kalküls angedreht: Bergen-Belsen, Bitburg, Hambach.

In seinem vielbeachteten und vieldiskutierten Wälzer »Die Kunst der zynischen Vernunft« des jungen deutschen Philosophen Peter Sloterdyk wird eine Art des Argumentierens entdeckt, mit der das seriöse Denken bis heute nichts anfangen kann. Gewisse Fakten, zum Beispiel die SS-Leute auf dem Soldatenfriedhof in Bitburg, können nur noch anekdotisch verwertet werden.

Franz Josef Strauß bescheinigte dem Kanzlerkandidaten Kohl vor langer Zeit, er sei »total unfähig, ihm fehlten die charakterlichen, die geistigen und politischen Voraussetzungen. Ihm fehle alles dafür.« Aber nur wenige Jahre später änderte Strauß ahnungsvoll die Meinung: »Den sind wir so schnell nicht los. Mit dem werden wir noch Spaß haben.«

Helmut Kohl brauchte alle geölte Kunst einer langen Übung, dem amerikanischen Präsidenten wohlgesonnen zu sein. Er lächelte unentwegt und zeigte, wie üblich, sein Gebiß. Im Schloß Augustusburg, wohin Staatsoberhaupt von Weizsäcker eingeladen hatte, stellte sich die Republik im Frack dar. »Bild« sagte: »Auch unser Staat hat schöne Seiten.«

Das Volk reckte die Hälse. In Cutaway, Frack und Smoking sieht die Republik recht passabel aus. Überallhin schickte das Volk die flinken Augen, denn dies ist etwas für die Leute vom Rhein.

»Ich denke, Euer Liebden«, dachte der Bundeskanzler, der ungeheuer lange Mensch, als er Nancy Reagan sah, »wir sollten hineingehen ins Schloß, dort ist die Balthasar-Neumann-Treppe.« Das Protokoll bekam wieder echt Zustände. All die vielen Gäste machten Konversation. Der Bischof Kunst und der Kardinal Höffner debattierten, so sah es aus, über Lehrmeinungen, wenn das überhaupt möglich ist. Drüben, in Amerika braute sich gegen Reagan eine innenpolitische Krise zusammen. Kohl, so sagten die Amerikaner, sei schuld.

Der vierte Staatsbesuch aus Italien

1986. Zwei soignierte Herren, Bundespräsident von Weizsäcker und Italiens Staatspräsident Francesco Cossiga, vor der Villa Hammerschmidt eine salutierende Marinekompanie abschreitend. Auf dem anderen Fernsehkanal: 60. Geburtstag der Königin. Man kann nachvollziehen, wenn das Staatsoberhaupt ein Queen-Superstar ist. Nur das komplizierte Problem ihrer Hüte!

Zurück zu Cossiga. Ein gebildeter Mann, der in Brühl am Essen teilnahm, assoziierte Goethes Berlichingen: Ein bestimmter Mensch könne ihn am A. . . Weizsäcker und Cossiga konnte er nicht meinen, also wen dann? Diesmal zitierte Bonns Oberbürgermeister Daniels den Sizilianer Luigi Pirandello beim Eintrag ins goldene Buch der Stadt, was Pirandello über den Bonner Dialekt gesagt hatte: »O glückliche Leute, Leute, die beim Sprechen einschlafen, vom weichen Singen des eigenen Sprechens gewiegt.« Rheinischer Singsang aus Anlaß eines Staatsbesuchs. Noch ein Zitat: »Rom hat«, zitierte Universitätsdekan Bernhard Korte eine Grabinschrift, »seit jeher seine besten Männer in das Rheinland geschickt.« Die Herrschaften nickten.

Daß ein römischer Kaiser, Caligula, 4. v. Chr. in Winningen bei Koblenz geboren, jener, der ein Pferd zum Konsul machte, nicht erwähnt wurde, war ein Versehen des Protokolls.

Übrigens: Der Kommissar Derrick alias Horst Tappert saß im Schloß Brühl an der Tafel – er ist in Italien ein Kinoheld. Und noch ein Übrigens: Es ist nach dem Zweiten Weltkrieg bereits der vierte Staatsbesuch aus Italien: Alcide de Gasperi, Aldo Moro und Sandro Pertini gaben sich ebenfalls schon die Ehre.

Kein Doktorhut für den König

In der Kurzfassung lautet es so: Spaniens König Juan Carlos I. und Königin Sophia kamen 1986 zum zweitenmal zum Staatsbesuch in die Bundesrepublik. Die Königin, eine Ururenkelin des letzten deutschen Kaisers Wilhelm II., Tochter der letzten griechischen Königin Friederike, spricht, man kann sich gar nicht satt daran hören, deutsch. Man mag es gar nicht glauben, daß die Königin Sophia, als man von Bonn den Abstecher nach München gemacht hatte, den Landesfürsten von Bayern, Franz Josef Strauß, mit dem Gruß »Grüß Gott« versah. Der Besuch in Bayern war, wie die Presse einhellig meldete, ein wahrer Triumphzug. Einige hundert spanische Landsleute, die in Bayern ihr Brot verdienen, skandierten »Viva el Rey«. Daß Strauß von der Würde und Freundlichkeit des Königs und dem Charme der Königin sprach (was sollte er anders tun?), es war nicht gelogen. Eine glatte Falschmeldung war allerdings, der König habe beim abendlichen Empfang im Antiquarium Traubensaft statt Wein getrunken. Der König: »Schließlich hat nicht nur meine Frau, sondern habe auch ich deutsches Blut in den Adern.«

Dem Protokoll bot sich als Fallstudie an, wie etwas danebengehen kann. Es entsetzte sich, als Bundespräsident von Weizsäcker mit dem König einen Bummel am Bonner Rheinufer unternahm; aber das Entsetzen war nicht der klirrenden Kälte, sondern der Sicherheit wegen. Und es entsetzte sich auch, als die Universität mitteilte, man habe keinen Ehrendoktorhut zur Hand. Wohl unterhält die Universität Köln enge Beziehungen zu Spanien, aber in dem erlauchten Gremium von 88 Professoren fand sich gleichwohl nicht die verlangte

Oben: Malietoa Tanumafili II. gibt sich die Ehre:
Westsamoas Staatsoberhaupt mit Bundespräsident Walter Scheel
am 17. September 1976.
Unten: April 1977. Siebzehn Monate nach Francos Tod besuchen
Juan Carlos I. und Sofia von Spanien die Bundesrepublik.

Oben: Bei seinem zweiten Staatsbesuch (4. 5.–7. 5. 1978) wird Leonid I. Breschnew von Bundespräsident Scheel begrüßt. Links der sowjetische Außenminister Andrej Gromyko.
Unten: Vom 13. bis 15. Juli 1978 besucht US-Präsident Jimmy Carter die Bundesrepublik. Hier mit Bundeskanzler Helmut Schmidt.

Oben: Das ist kein kommunistischer Bruderkuß! Italiens Staatspräsident Sandro Pertini und Franz Josef Strauß (22. 9. 1979).
Unten: November 1979. Angeregtes Gespräch:
Taufa'ahau Tupou IV., der beleibte König des Südseereiches Tonga, und Veronika Carstens, die Frau des Bundespräsidenten.

Oben: Schloß Augustusburg, November 1980.
Die Balthasar-Neumann-Treppe gibt dem Empfang für Papst Johannes Paul II. den würdigen Rahmen.
Unten: Villa Hammerschmidt, Mai 1981. Ziaur Rahman, Präsident von Bangladesh, mit Bundespräsident Carstens.

Oben: Oktober 1982. Erstes deutsch-britisches
Gipfeltreffen nach der Wahl Helmut Kohls zum Bundeskanzler.
Nicht nur Maggie Thatcher strahlt ...
Unten: 1. Mai 1985. Auch Politik hat ihre fröhlichen Seiten: Helmut
Kohl mit Japans Ministerpräsident Jasuhiro Nakasone.

2. Mai 1985. Vor der Villa Hammerschmidt
präsentiert sie sich, die ganze Macht des Protokolls: Beim Besuch
von US-Präsident Ronald Reagan (rechts neben
ihm Bundespräsident Richard von Weizsäcker) bilden Gäste
und Militär den angemessenen Rahmen.

Oben: 3. Mai 1985. Da ist er noch mal, der
rote Teppich, ausgelegt für den Weltwirtschaftsgipfel.
Unten: 5. Mai 1985. Fahnen gehören auch
dazu: US-Luftwaffenstützpunkt Bitburg, der neben
gepflegtem Pils noch mehr zu bieten hat ...

Oben: Ohne ihn geht oft gar nichts: Chefdolmetscher
Heinz Weber, flankiert von Helmut Kohl und Ronald Reagan.
Unten: 30. Mai 1985. Da kommt Bonn nicht ganz mit:
Im königlichen Palast »Op de Dam« zeigen sich Gekrönte
und Ungekrönte vor dem Staatsbankett den Photographen.

Dreiviertelmehrheit für die beabsichtigte Verleihung. Dem Dekan, dem Althistoriker Werner Eck, war das sehr peinlich. Die giftige Spritze der ASTA-Vorsitzenden Michaela Schuh ärgerte ihn heftig, die barsch befand, nicht jedem »dahergelaufenen König« müsse ein Doktorhut aufgesetzt werden.

Die Besucher kamen zwar auch mit lauter kleinen mißlichen Angelegenheiten, und die Minister in ihrer Begleitung schleppten das in ihrem Gepäck mit, aber in Wirklichkeit waren die großen Mißhelligkeiten das Geld, die Entwicklungshilfe, um die die meisten baten. Ausstehende Rückzahlungen, ausstehende Zinsen – diese Fragen zeigten ihr widerwärtiges Gesicht, obwohl gelächelt wurde, Orden verteilt und schöne Tischreden vom Konzept abgelesen wurden, die Legationsräte fabriziert hatten.

1985, innerhalb dreier Sommermonate, gab es drei Staatsbesuche. Es kam zuerst Mexikos Staatspräsident Miguel De la Madrid, der schon einen Hauch von Fußballweltmeisterschaft mitbrachte. Jeden, der damals gesagt hätte, das Endspiel würde zwischen Mexiko und Deutschland ausgetragen, hätte man für verrückt erklärt. Wie gut die Beziehungen zwischen beiden Staaten waren, brachte Bundespräsident von Weizsäcker auf einen Nenner: Beide Länder könnten sogar eine Niederlage verkraften, sagte er, und er meinte die Fußballer. Marianne Antwerpen vom Bonner »General-Anzeiger«, die sich submissest anzumerken erlaubte, sie und die Protokollbeamten seien ins Schwitzen geraten, weil der Kranz fürs Ehrenmal im Stau steckengeblieben war, brachte es ins Blatt. Die Indisposition des Oberbürgermeisters war nicht mehr als etwas Beiläufiges, gewissermaßen ein Schnupfen des Allerhöchsten aus dem Rathaus. Illusorisch waren fast die Unterhaltungen, die DIHT-Chef Otto Wolff von Amerongen, der BDI-Präsident Hans-Joachim Langmann, der AEG-Boß Heinz Dürr und der VW-Vorstandsvorsitzende

Carl Horst Hahn in Brühl pflegten. Auch Walter Scheel und Helmut Schmidt waren Anlaufstationen der Mexikaner.

*

Der »Preuße Afrikas«, der westafrikanische Präsident Seyni Kountché aus Niger, kam Ende August 1985 nach Bonn. Seines persönlichen Ansehens, aber auch der strategischen Lage des Landes wegen – es ist Uranproduzent und Nachbar Libyens – kam er gleichwohl, um die Hand aufzuhalten. Die Dürre des Landes – die Bewohner des Nordens sind noch Nomaden – wurde erwähnt. Zwanzig Militärlastwagen zum Lebensmitteltransport innerhalb des Landes sollte nun die Bundeswehr liefern, so versprach man. Und in Brühl schließlich, wo Weizsäcker den Staatsempfang gab (1983 war Professor Carstens zum Staatsbesuch in Niger), wurden dem Nigerianer Kountché drei Schüler des renommierten Birklehof-Gymnasiums aus Hinterzarten zugeführt, die in Eigeninitiative 300000 DM für Brunnenbauprojekte in Niger gesammelt hatten. Der »Preuße Afrikas« stand gerührt. Oh, diese Deutschen: Noch vor vierzig Jahren war dieses Land eine Trümmerwüste.

*

Die Beziehungen Deutschlands zu Argentinien sind eingestandenermaßen jahrhundertealt und gut. Nach einem Vierteljahrhundert der Ruhe, als das Land von Peron und der Generalsjunta regiert wurde, kam nun, Frondizis Besuch 1960 in der Erinnerung, Raul Alfonsin, Argentiniens Staatspräsident, der große Hoffnungen auf Deutschland setzte. Alfonsin hatte sich entschlossen, die Wirtschaftspolitik radikal zu ändern. Seine anfänglich inflationäre Politik, durch die die Teuerungsrate von 400 Prozent im Jahr 1982 auf 800 Prozent im Jahr 1984 anstieg – eine Monatsinflation von 25 Prozent –, mußte er revidieren: Er war entschlossen, das Steuer herumzuwerfen. Es waren wohl Festtage, und doch waren es keine Festtage, denn neben dem Außenminister Caputo war der Wirtschaftsminister Sourrouille im Schlepp – sie erläuterten bei Weizsäcker, Kohl, Genscher und Bangemann durch Botschafter Boitti Ossorio ihr Anliegen. Ossorio behauptete, es habe in der argentinischen Geschichte noch nie eine so große Übereinstimmung der Bevölkerung mit der Wirtschaftspolitik einer demokratisch gewählten Regierung gegeben, gab allerdings zu, die antiinflationäre Politik verschärfe vorläufig die Rezession in Argentinien. »Die Regierung weiß, daß die Rezession mindestens zwei, wenn nicht drei Jahre dauern wird und daß die sozialen Spannungen in dieser Zeit zunehmen können.«

Da die argentinische Delegation schon den Besuch in Jugoslawien hinter und den in Frankreich noch vor sich hatte, war das Spiel zuweilen grausam. Viele Male mußte die Kleidung gewechselt werden. Zum Festbankett in Brühl, wozu Bundespräsident von Weizsäcker 250 Gäste aus Diplomatie, Kultur und Wirtschaft eingeladen hatte, kam auch Franz Josef Strauß, der mit Alfonsin schon in Schloß Gymnich Gespräche geführt hatte. Jetzt konnte also nichts mehr schiefgehen. Die Hunde bellten, die Karawane zog weiter. Und im Frühjahr 1987 flog Weizäcker zum Gegenbesuch nach Argentinien.

Vermischtes

Die Scheels treten ab

Jeweils im Sommer, alle fünf Jahre, wechselt die Bundesrepublik ihr Staatsoberhaupt, ihren Bundespräsidenten. Zweimal hat man einen, wie es der Artikel 54 des Grundgesetzes erlaubt, für ein weiteres Jahrfünft wiedergewählt: Heuss 1954, Lübke 1964. Bei Heinemann und Scheel waren die Verhältnisse nicht so.

Theodor Heuss und Heinrich Lübke ließen in der Sommerresidenz der Kölner Kurfürsten in Schloß Brühl am 15. September 1959 zweitausend Gäste Revue passieren, um ihnen die Hände zu schütteln, Heuss zum Abschied, Lübke zum Amtsantritt. Man zögerte lange, es niederzuschreiben, als Heuss auf einem besonderen Empfang für 230 Journalisten die flotte Anmerkung machte, sein Amt als Bundespräsident sei manchmal ein richtiger »Kotzkübel« gewesen. Aber ein ihm freundlich gesinnter Journalist, der möglicherweise seine eigene Stenografie nicht lesen konnte, machte daraus einen »Kunstgiebel«. Am nächsten Tag verließ Heuss mit Sonderzug Bonn, um in sein Häusle nach Stuttgart zu ziehen. Aus dem Abteilfenster winkten Heuss, sein persönlicher Referent Hans Bott und sein Boxerhund, als gespielt wurde »Muß i denn, muß i denn« und eine Bundeswehrehrenkompanie auf dem Bonner Bahnhöfchen die Gewehre präsentierte.

Am selben Tage zogen die Lübkes in die Villa Hammerschmidt ein. Am 1. Juli 1969 vollzog sich der Wechsel von Lübke zu Heinemann. Der Wechsel in der Villa hatte nichts Dramatisches, die Situation aber etwas politisch Auffallendes. Ein Sozialdemokrat wurde Staatsoberhaupt, der sich »Bürgerpräsident« nennen ließ. Wieder war Schloß Brühl Anlaß zum großen Feiern. Vor dem verehrten Publikum, das man eingeladen hatte – von 3000 Eingeladenen waren 1950 gekommen –, standen im Musiksaal des Schlosses Gustav und Hilda Heinemann.

Am 30. Juni 1974, am Vortage des nächsten Wechsels im Amt, hatten die Heinemanns 970 Gäste auf das Rheinschiff »Drachenfels« zu einer Schiffstour geladen. Zum erstenmal hatte man auf Schloß Brühl verzichten müssen, umfangreiche Reparaturen waren der Grund. Es goß in Strömen, aber niemand erlitt Unbill in seiner Sommergarderobe.

Und nun stand das fünfte Präsidentenpaar da, am Sonntag, dem 1. Juli 1979. Man war ins Schloß Brühl zurückgekehrt. Walter Scheel hatte seinen ersten Platz an Karl Carstens abgetreten. Die feinen, vornehmen und bundeswichtigen Leute durften diesmal nicht auf der Balthasar-Neumann-Treppe, sondern auf der Terrassentreppe zum Schloßpark, wo die riesigen Wasserfontänen springen, die Hand drücken.

Im Schloß Brühl war es wie immer. Das Mannsvolk nicht in Schwarz, die Damen nicht im kurzen Schwarzen wie bei Heuss: Sommerliche Kleidung war ausdrücklich erbeten. Scheel und Frau Mildred hatten ihr Versprechen gehalten, lächelnd abzutreten. Und Carstens und Frau Veronika deuteten an, daß kein Grund vorliege, es anders als lächelnd zu übernehmen. Der Neue will dem Alten die Popularität nicht abspenstig machen. Der Alte wird mit dem Neuen keine Korrespondenz darüber beginnen, wie man dies und das besser machen könne. Kein Bodensatz von Verstimmung scheint dazusein. Die beiden Frauen werden ihre den Bonnern längst bekannte Gangart beibehalten. Der Alte rückt etwas aus dem Blickfeld, der Neue ins Blickfeld.

Ganz fröhlich ging es im Schloß Brühl zu. Etwa zwölfhundert Gäste waren gekommen, das Diplomatische Korps zuvor.

Man hörte viel Militärmusik. Scheel hatte sich zum Abschied am Abend vorher zum Zapfenstreich die Weise des Liedes »Die Gedanken sind frei« und als Reverenz für die Stadt Bonn den Präsentiermarsch des Bonner Husarenregiments »König Wilhelm« erbeten. Die Bundeswehr konzertierte auf ihre eigene Weise: »Alte Kameraden« machten den Schluß in den kühlen abendlichen Brühler Himmel, der sich ohne pyrotechnisches Beiwerk, nur mit den hohen Wasserfontänen empfahl. Man kann hier nicht mit genügender Freiheit davon sprechen: Ob mit Walter Scheel nicht doch ein Quentlein Wehmut mit nach Köln fuhr, wo er zum erstenmal in seiner neuen Bleibe übernachtete?

Die langen Unterhosen oder Die Lust am Untergang

1969, dem Beginn der sozialliberalen Regierungskoalition, unterschlug die bundeshauptstädtische Erinnerung aus den fünfziger Jahren schon manches, und als 1982 die konservativliberale Koalition die »Wende« übte, waren die Politiker der »goldenen Fünfziger« schon ins Dunkel gefallen. Bei der Wende zog zum ersten Male der Schmuddel-Look der »Grünen« ins Parlament ein. In den »Fünfzigern« nun war die Problematik der »Restauration« in aller Munde gewesen. Über Nacht geriet der Name einer Dame zuerst in die Zeitungen, dann in die Kabarettprogramme, unter deren Autorenschaft der feine Benimm in einem voluminösen Etikette-Buch gelehrt wurde. Erica Pappritz hieß sie und war Stellvertretende Leiterin des Protokolls im Auswärtigen Amt. Sie war die Hofmarschallin in Bonn, die vor vierzig Jahren im kaiserlichen Deutschland im Berliner Auswärtigen Amt als Sekretärin angefangen hatte. Später, als Mittsiebzigerin, inzwischen als Vortragende Legationsrätin I. Klasse längst pensioniert und zur Zwergin geworden, die man in Bad Godesberg nur noch gelegentlich ihren Langhaardackel ausführen sah, war ihr Buch zum Sinnbild der Epoche des deutschen Knaben Wirtschaftswunderhorn, der Wohlstands- und Wegwerfgesellschaft der Adenauer-Erhard-Ära, geworden. Am 4. Februar 1972, an einem kalten Wintertag, verstarb sie, nicht ohne vorher ihre Protokollmitarbeiterin Sigrid Boss zu adoptieren, die sich aber auch 1985, dreiundsechzig Jahre alt, in den Diplomatenhimmel, Referat Protokoll, empfahl.

Frau Pappritz hatte erreicht, daß selbst in der pluralistischen, demokratischen, republikanischen Gesellschaft die feinen Leute – damals nannte man es Establishment – sich weitgehend nach ihrem Etikette-Buch richtete. Theodor Heuss hatte zum Schluß zum Frack keine Armbanduhr mehr getragen, und selbst Herbert Wehner hatte sich das Möbel eines Fracks bauen lassen müssen.

Der Schriftsteller Friedrich Sieburg hatte Anfang der fünfziger Jahre in seinem Buch »Die Lust am Untergang« geschrieben, vielleicht lasse es sich auch ohne feine Leute nicht übel leben, obwohl ein natürliches Erbteil an Umgangsformen und Sinn für Maß und Takt nicht zu verachten seien. Jeder Versuch, wieder so etwas wie gesellschaftliche Formen aufzurichten, sei – so Sieburg – zu unfreiwilliger Komik verurteilt. Wie hatte sich Sieburg geirrt. Das »Etikette-Buch« – Mitherausgeber war, wie er im Buch vorgestellt wurde, der »Weltenbummler« Karlheinz Graudenz – erreichte von 1957 bis 1970 mühelos ein Dutzend Auflagen.

In Bonn sah man jetzt klarer. Wäre einer der Verfasser nicht Erica Pappritz gewesen, der die Ausbildung unserer jungen Diplomaten in Etikettefragen oblag, wäre das Buch kaum ein Bestseller geworden. Frau Pappritz lehrte für den eleganten Adam und die korrekte Eva den guten Ton, etwa so, wie es dem lieben Gott wohl vorgeschwebt haben mußte, als er sie vor langer, langer Zeit erschuf. Die Zunge lag einem dick und trocken im Munde, wenn man die 512 Seiten gelesen hatte. Mehrere tausend Doktorfragen üben den guten Ton, über den »Benimm« wurden beantwortet. Es war eine Gebrauchsanweisung für feinere Umgangsformen, ein »Anstandsbuch«, ein neuer »Knigge«, und da es durch Frau Pappritz offiziösen Anstrich hatte, da durch Frau Pappritz' Schule der gesamte Bonner diplomatische Nachwuchs ging, durfte das Buch einiges Interesse über andere ähnliche Bücher hinaus beanspruchen.

Über den guten Ton ließ sich schäkernd, schalkhaft und neckisch plaudern – die beiden Verfasser taten es ausgiebig. Da sie um keinen Preis unsozial wirken durften, zumal in Bonn nicht, wurde vorsorglich erklärt, »daß Anstand und gutes Benehmen, innere und äußere Gepflegtheit, vollendete Formen und weltmännische Gewandtheit an keinen Stand, keine Umgebung, keinen Geldbeutel gebunden« sei. Nur der rechte Schlag des Herzens entscheide, und dieses Herz könne ebenso warm »unter einem rauhen Monteurkittel« schlagen. Gegen gute Manieren wäre nichts einzuwenden gewesen, aber waren nicht der »elegante Adam« und die »korrekte Eva« damals mehr oder weniger historische oder ästhetische Begriffe? Sind die Umgangsformen auch der »vornehmen« Welt noch zweckfrei, und können sie als selbstverständliche Lebensart gelten?

Blättern wir noch einmal blindlings nach, was da »im ruhig und stetig fließenden Golfstrom der Gesellschaft« daherschwimmt und was jungen Diplomaten beigebracht wurde.

Den Briefträger, hieß es, sollte man nicht unfreundlich behandeln, denn er »kann durchaus mit jenem Beamten beim Fernmeldeamt befreundet sein, der für die Errichtung des schon längst beantragten Telefonanschlusses zuständig ist«. Zweckmäßig ist der verbindliche Umgang mit Handwerkern, »die ja auch Menschen sind«. Auch »Hausangestellte sind Menschen und wollen als solche behandelt werden«, und sie »wissen häufig trotz ihrer Einfachheit sehr wohl zwischen gespielter und wirklicher Vornehmheit zu unterscheiden«. »Die Gnädige packt immer mit an«, und neulich hat die Hausangestellte »sogar Weinbergschnecken essen sollen, aber da wäre ihr beinahe schlecht geworden. Die Gnädige hat gelacht und gesagt: Wenn Sie nicht wollen, brauchen Sie nicht.«

»Der enge Kontakt mit den Vertretern der Neuen Welt und ihren zumindest sehr eigenwilligen Modeanschauungen hat vor allem die Jugend empfänglich gemacht für gewisse Torheiten, die ... keinesfalls aber zu uns und unserer Mentalität passen.« Schon gegen Ende der fünfziger Jahre gab es in der Bundeshauptstadt mehrere tausend Vertreter der Neuen Welt, und ein Teil ihrer Kinder sprach längst rheinisches Platt.

»Die Frackhemdbrust muß steif wie ein Brett sein. Dieser Panzer hat den Vorteil, zu einer Haltung zu zwingen, deren mancher bedarf.« Merken wir uns, daß »jeder Herr ständig seinen Schirm trägt«. In der Theaterpause esse man möglichst weder Würstchen noch belegte Brötchen, Senf auf gar keinen Fall. Im Kino soll man während der Vorstellung keine geistreichen Kommentare machen, wie »jetzt küßt er sie« oder »Mensch, Errol, paß auf, hinter dir!«

Bundestagsabgeordnete werden mit »Herr Abgeordneter« angeredet. Prinzen, Fürsten und Herzöge mit »Durchlaucht«, »Hoheit« und »Königliche Hoheit«. »Ein außerordentlich gefährlicher Explosivstoff bei Unterhaltungen [auf Gesellschaften] kann möglicherweise die Politik sein. Ihn sollte jeder geschickte Gastgeber bereits im Keime ersticken. Ein unverheirateter Herr gibt beim Besuch eines verheirateten Herrn zwei Visitenkarten ab, ein verheirateter Herr in Begleitung seiner Frau beim Besuch eines verheirateten Herrn zwei Karten von sich und eine Karte von seiner Frau. Rote Rosen schenkt man nur seiner eigenen Frau. Einer bezaubernden Frau schenkt man weder Lilien, Immortellen, Astern noch Kalla, es sind Totenblumen«, und einem Chrysanthemenstrauß sehe man fast immer an, daß er von der Sekretärin telefonisch bestellt, vom Schofför abgeholt und von der Steuer bezahlt worden sei.

»Das Buch der Etikette«, das »einigen Anspruch auf absolute Gültigkeit« habe, wie es in ihm hieß, war wie ein Denkmal des alten Knigge – und es war aus Hefeteig. Bei 35 Grad Hitze im Schatten des Auswärtigen Amtes war das Denkmal mit 550 Stichworten wie ein Hefekuchen aufgegangen. Der Hals wurde einem trokken, wenn man die 550 Stichwörter des Hefekuchens intus hatte. Hier eine Auswahl: Bankett, Bestecke, Bundestag, Fisch, Frack und Fünfuhrtee, Gabel, Gehpelz und Gymnastik, Handkuß, Homburg, Hummergabeln, Kartoffeln, Kaviar, Kleiderschrank, Lampen, Langusten und Liaison, Picasso, Prinzen, Pünktlichkeit, Rauchen, Rechnung und Regierung, Salate, Smoking, Suppentassen, Tasse, Titel, Trauerfälle. Frau Pappritz und Herr Graudenz griffen in der Tonlage immer eine Oktave zu hoch.

Die »Etikette« aus der höfischen Zeit, so ramponiert sie auch vielerorts sein mochte, ist nach wie vor wirksam. Mißt man sie nach ihrem Schein, ist sie ohne Fehler; mißt man sie nach ihrem Sein, ist sie stickig und verlogen. Wer ist nicht dafür, daß ein Mensch gute Manieren hat und gesellschaftliche Formen beherrscht? Wer ist nicht für Höflichkeit? Es gibt Gauner im Frack, die die Klaviatur der Etikette beherrschen, und es gibt großartige Menschen, die im Fahrstuhl den Hut aufbehalten. Der Gegensatz zwischen Schein und Sein ist zu groß. Waren also die Grundlagen der Bundesrepublik erschüttert, wenn der Bundespräsident Heuss zum Frack oder Smoking verbotenerweise eine Armbanduhr trug oder der Bundestagsvizepräsident Becker aus Hersfeld zum Cutaway statt einer silbergrauen Krawatte eine eigenwillige silbergraue »Fliege« oder der Bundeskanzler zum Frack keine weißen Handschuhe? Und wenn beim Tanz im Frack außer einem jungen Vizekonsul kein männliches Wesen weiße Handschuhe anzog? Die ältere männliche Generation des Auswärtigen Amtes unterließ das Schmunzeln nicht, wenn junge Attachés den Regenschirm umhertrugen, gerollt natürlich, obwohl die Wetterfrösche vier Wochen hochsommerliches Wetter prophezeit hatten; aber mit dem Schirm war man auch dann »nicht nur korrekt, sondern auch geschmackvoll angezogen«. Gehören Attachés ins Herrenjournal?

Ach du meine Güte! Einen Brief schreibt man »natürlich in fehlerfreiem Deutsch mit richtiger Interpunktion« (Musterbrief an Schwiegermutter ist abgedruckt); »lange Unterhosen bleiben unmännlich und häßlich«; »Taschentücher müssen vor Gebrauch entfaltet werden«. Bei Tischgesprächen »fällt es nicht schwer«, die Erzählung eines Tischnachbarn »durch kurze Zwischenbemerkungen wie ›Oh!‹ oder ›Außerordentlich interessant!‹ und ›Das wußte ich ja gar nicht, erzählen Sie doch bitte weiter!‹ in Fluß zu halten.« Und dann diskrete Vornehmheiten: »Drei Tage trägt man einen Schlafanzug«; »Der Toilettenpapierhalter sollte oben als Aschenbecher ausgebildet sein«; und schließlich, verzeiht, der Clou vom Clo: »Während und nicht erst nach der Benutzung wolle man sich der berühmten Kette bedienen. Dieses Gesetz gilt um so eiserner, je kleiner und hellhöriger eine Wohnung ist. Danken wir der Technik, daß sie uns mit der Wasserleitung ein Mittel zur diskreten Neutralisierung unerwünschter Geräuschkulissen in die Hand gegeben hat.«

Schnellerer Herzschlag war jedesmal die prompte Reaktion, wenn die Hofmarschallin bei Bonner Festivitäten erschien. Man wußte sofort, daß sie das weiche, weiße Hemd statt des – wie vorgeschrieben – halbgestärkten Pikeehemdes zum Smoking bemerkte, wenn sie ihr Monokel oder, je nach Anlaß – sie trug wirklich beides – ihr Lorgnon langsam und diskret in die Runde gehen ließ. Selbst Bundesminister gehorchten wortlos, wenn sie etwas arrangierte.

Dieser »Knigge« unter der offiziösen AA-Flagge, der – so wurde er angepriesen – »einigen Anspruch auf absolute Gültigkeit hat«, zeigte den »vollkommenen« Diplomaten. Sage einer, das Buch sei nicht nahe an der Grenze der Komik.

Als Adenauer 1957 zum Treffen der EWG-Außenminister mit dem Nachtschnellzug nach Paris fuhr, wollte er von uns mitreisenden Journalisten wissen, wer von den Herren seiner Begleitung außer ihm noch lange Unterhosen trage. Außerdem sagte Adenauer immer wieder völlig unmotiviert: »Oh, oh, oh, das ist aber interessant, oh, was Sie nicht sagen, bitte sprechen Sie doch weiter.«

Wir Mitreisenden wurden der Kenntnis teilhaftig, daß man solche Sätze einem Gesprächspartner sage, damit eine Unterhaltung nicht langweilig werde und einschlafe. Er hatte den ersten Verriß des Pappritz-Buches gelesen, den einer der Journalisten geschrieben hatte.

Über den Wangen-, Hand- und Politkuß bei Staatsgeschäften

Erica Pappritz würde sich im Grabe umdrehen, hätte sie es noch erlebt. Vom Küssen auf dem diplomatischen, politischen und gesellschaftlichen Parkett der Bundeshauptstadt ist die Rede. Obwohl von Freundschaft und Ehrerbietung gesprochen wird, ist der Kuß hier meist als politische Freundschaftsgeste gemeint. Mehr und mehr wird die übliche Form der Begrüßung verdrängt. Bei gesellschaftlichen, diplomatischen Cocktails, gelegentlich sogar bei steifleinenen Empfängen küssen Männer Männer, Frauen Frauen. Wenn sie kommen und wenn sie gehen. Die Sitten verfeinern sich oder werden robuster. Selbst bis zum Judaskuß trieben sie's, die Dippelmaten, wie Tucholsky sie nannte.

Das Überraschende ist, daß im Zuge des europäischen Kultur- und Zivilisationsgefälles der Bruderkuß als politische Freundschaftsgeste von Ost nach West wandert und nicht wie die langen Hosen der Frauen, die langen Haare der Männer und die Jeans für Männer und Frauen von West nach Ost. Der sogenannte Bruderkuß auf dem diplomatisch-gesellschaftlichen Forum hat etwas kolossal Sowjetisches bekommen. De Gaulle küßte zwar Adenauer in Paris und am Eingang der Kathedrale von Reims, und es war die große Geste des Pathetikers – er vergaß nicht die Anmerkung an den daneben stehenden Außenminister Schröder, er müsse noch eine Zeit warten, er bekomme noch keinen. Papst Johannes Paul II. küßte seinen Kardinal Wyszynski, den Primas von Polen. Der nordrhein-westfälische Ministerpräsident Heinz Kühn küßte Breschnew schon auf Schloß Homburg bei Nümbrecht, als der 1973 zum erstenmal in Bonn war. Herbert Wehner küßte Loki Schmidt beim Geburtstagsempfang ihres Mannes, und Giscard d'Estaing verpaßte dem Bundeskanzler Helmut Schmidt – wohlberechnet, die Kameras liefen – auf Guadeloupe den ersten Wangenkuß.

1986, genau am 11. Juli, geschah auf dem Bonner Parkett etwas Erstaunliches, Verblüffendes und für gewohnheitsmäßige Ironiker und Zyniker noch nie Dagewesenes. An diesem Tag wurde Herbert Wehner, auf allen Fernsehkanälen dampfte es, achtzig Jahre alt. Es gab mit Helmut Schmidt nicht nur eine lange Umarmung, sondern einen innigen Handkuß. Die Kameras liefen. Den alten Mann hatte es überwältigt. Der Wehner, erkannten nun alle, die ganze Republik, war ein Mensch. Herbert Wehner küßte die um eine Nummer zu große Pranke seines einstigen Bundeskanzlers Helmut Schmidt. Der stand dort, überwältigt, ein bißchen geduckt, wie ein Pausenzeichen. Hatte Wehner dem Chronisten nicht einmal gesagt, Helmut Schmidt komme »aus einem Offizierskasino«? Und nun dies. Es waren wohl gegenseitige Ehren- und Respektbezeigungen altväterlicher Art. Es war eine Geste der Zuneigung dieses spröden, kontaktarmen Achtzigjährigen, und sie hieß, Helmut Schmidt war wirklich irritiert: Ich habe als Fraktionschef dir als Kanzler neun Jahre den Rükken freigehalten, jetzt möchte ich dein Freund sein.

Es geschah zwar nicht in Bonn, sondern in Recklinghausen, wo Wehner von den Parteifreunden gefeiert wurde. Ein Handkuß unter Männern! Die Pappritz würde ein Kind kriegen, hätte sie es erlebt.

Noch hat der Bundespräsident keinem Botschafter, der ihm sein Beglaubigungsschreiben überreichte, seine Wange dargehalten. Noch hat danach Bundestagspräsident Carstens nicht seiner Stellvertreterin Annemarie Renger Freundschaft und Ehrerbietung mit Wangenkuß und Umarmung bekundet, und keiner der Inspekteure der Bundeswehr hat dem Bonner sowjetischen Militärattaché die Andeutung einer Umarmung gemacht.

Was aber den Handkuß angeht, der ist auf dem diplomatischen Parkett nicht totzukriegen. Im Plenarsaal des Bundestages ließen sich Annemarie Renger von Rainer Barzel und vom Staatsminister von Dohnanyi, Helga Wex von Kurt Biedenkopf und Hildegard Hamm-Brücher vom Grafen Lambsdorff diese kleine Geste der Höflichkeit gefallen. Die Sowjetbotschafter Smirnow und Falin beugten sich über Damenhände, und die Smirnowa hielt am graziösesten den Handrücken zum Männerkuß hin. Botschafter Semjonow, der Weltmann, wie es hieß, hatte wohl keine Gelegenheit zu Bruderkuß und Handkuß. Er war stocksteif.

Im Dritten Reich galt der Handkuß als ein reaktionäres Überbleibsel aus dem spanisch-burgundischen Hofzeremoniell, aus der adligen und großbürgerlichen Zeit. Erst als der Diktator in einer herzigen Szene als Titelbild der »Berliner Illustrierten« sich beim Handkuß mit Winifred Wagner zeigte, war die hartnäckige Aversion der Nazimächtigen gegen den Handkuß über Nacht verschwunden.

Adenauer hat nie einem Papst oder einem Bischof die Ehrerbietung eines Hand-, genauer eines Ringkusses erwiesen: »Et is mer ze unhygienisch.« – Mindestens des Registrierens und Schmunzelns wert war die Szene, als 1986, nach verlorenem Endspiel um die Fußballweltmeisterschaft, Bundeskanzler Helmut Kohl als guter Basisdemokrat in Mexiko die deutsche Mannschaft –

wie die Heineschen Grenadiere ließen die Youngsters die Köpfe hängen – im Defilee vor der laufenden Kamera Revue passieren ließ und acht der 22 Männer zum Bruderkuß umarmte und sagte: Der Ball ist rund, die Bundesrepublik stolz, dies sei kein Judaskuß, sondern ein Kuß brüderlicher Gemeinschaft, und die Wahlen müßten gewonnen werden, so oder so, egal welche, alle. Beckenbauer stand vor ihm, die Arme verschränkt und dachte: Brat mir en Storch! – Der Kanzlergattin Hannelore Kohl gab ich am Eingang zum Kanzlerbungalow einen Handkuß. Sie zögerte, und ich wußte, was sie dachte: Nanu?

Ein Chronist dieser Jahre vermerkte jüngst etwas über die Technik der Wangenküsse, wie sie auch schon in Amerika Mode geworden seien: Sie seien mehr oder weniger rituelle Beiläufigkeit. Für einen Gentleman schicke es sich nicht, sich über eine Dame zu beugen und ihr hungrig auf die Lippen zu schmatzen; und eine Dame sollte ihrer Kußpartnerin keinen Lippenstift auf Kragen oder Schmuck schmieren. Bei einem korrekten Kuß nähern sich die beiden Parteien auf Handschlagdistanz und neigen sich aus der Hüfte, bis Bäckchen an Bäckchen und Lippe an Ohr ist. Dann küßt jeder die Luft um die Ohrmuschel des anderen herum.

Regeln: Männer küssen Frauen nicht bei der ersten Vorstellung. Auch unter Freunden warten Männer darauf, daß die Frauen mit dem Kuß anfangen. Merkwürdigkeit: Männer, die Frauen mit Ich-möchte-geküßt-werden-Blicken traktieren, müssen sich immer mit einem Handschlag begnügen. Der lange Bundeskanzler Kohl küßte Ägyptens Staatspräsidenten Mubarak, und der kleine Wüstensohn aus Kairo sagte promp: »Danke!«

Man wird zugeben, daß die sowjetischen Bruderküsse, die besonders Breschnew zu verpassen verstand und die bei Fernsehübertragungen gezeigt wurden, etwas kumpelhaft wirkten. Hatten sie nicht manchmal den etwas fatalen Beigeschmack des Judakusses? Keiner, auch nicht Nachfolger Gorbatschow, küßte so gut wie Leonid Breschnew. Es waren jeweils Zehnsekundenbrenner. Als der kleine Erich Honecker bei Gorbatschow damit anfing – die Kameras liefen –, mußte er sich auf die Fußspitzen stellen, und der sowjetische Generalsekretär bekam einen Bruderkuß auf den Genossenmund, links, rechts, links, rechts. Unter Genossen sind dies sogenannte politische Freundschaftsgesten. Breschnew hörte man förmlich schmatzen. Er hatte den richtigen Griff um den Hals seines Partners – kaum jemals, daß ihm der Hut nicht in den Nacken rutschte.

Einer der eindrucksvollsten Charmeure beim Küssen von Damemhandrücken ist übrigens einer unserer Altbundespräsidenten. Walter Scheel hat die große Gewandtheit, aus dem Handkuß gar keinen Kuß zu machen. Er weiß, wie es das Etikette-Buch vorschreibt. Einen bis zwei Zentimeter vor dem Handrücken macht der Mund halt. Bei Wangenküssen paßt Walter Scheel.

Etwas angstbeklommen scheinen einige Damen zu sein, denen ein Handkuß als Ehrerbietung gelten soll. Daß ein Wangenkuß ein Politikum sein kann, ein Handkuß bei Damen es aber so gut wie nie ist, ist wahr. Die britische Königin Elizabeth II., in Schloß Brühl erlebt, hat soviel Grazie und Fingerspitzengefühl in ihrer Hand, daß man sagen möchte, ihr Majestätsein ist nahezu überpointiert. Spartanisch und zögernd geriet bei anderen, bei Rosalinn Carter, Hilda Heinemann,

Veronika Carstens, Hanna-Renate Laurien, Annemarie Renger und Rita Süßmuth, der Versuch, die Hand hinzuhalten. Bei diesen Damen, auch bei Mildred Scheel, etwas Höflichkeit auf dem Handrücken anzubringen, war schwierig. Den berühmtesten Ausrutscher bei Hofknicks und Handkuß gelang übrigens Erika Pappritz, der Hofmarschallin, bei der Königin Sirikit von Thailand selber. Unbarmherzig und gnadenlos schossen es die Fotografen.

Ein Handkuß für die britische Königin? Erica Pappritz dreht sich wieder mal im Grabe um. Bei Majestäten, würde sie sagen, gibt es keinen Handschlag und keinen Handkuß, allerdings immer noch den Hofknicks, wobei es in Bonn schon zu Karambolagen gekommen ist. Und: Man darf Majestäten eigentlich auch nicht ansprechen. Man wird von ihnen angesprochen. Wie sich die Zeiten ändern.

Bundespräsident Richard von Weizsäcker fuhr 1986 beim Staatsbesuch sechsspännig mit der Queen über Londons Mall. Es wurde gejubelt; vom Volk, versteht sich. Weizsäcker zur Queen: »Majestät, 1937 habe ich als junger Austauschstudent bei der Hochzeit Ihren Eltern zugewinkt.« Die Queen: »Und jetzt winkt Ihnen meine Mutter zu.« Majestäten, so will es der Brauch, winken grundsätzlich nicht, sie heben zwar sachte die Hand und bewegen sie auf eine unnachahmliche Weise, aber es ist kein Winken. Diesmal hatte die 86jährige Königinmutter, eine Dame comme il faut, dem deutschen Staatsoberhaupt zugewinkt. Weizsäcker fand sich geehrt. Zwischen Neigung und Pflicht hin- und hergerissen – es geschah bei der Hochzeit des Prinzen Andrew mit Sarah Ferguson –, winkten Majestät doch. Vielleicht experimentierte man im Königshaus?

Als Diplomaten zu den Waffen griffen

Im November 1976, an einem Samstag, erschoß der österreichische Botschafter Alexander Otto bei einer Diplomatenjagd nahe der jugoslawischen Kleinstadt Novi Becej seinen französischen Kollegen Pierre Sebilleau, den Doyen des Diplomatischen Korps in Belgrad. Die Männerrunde war, mit dem jugoslawischen Außenminister an der Spitze, zu einer Niederwildjagd zusammengekommen, also einer Jagd auf Fuchs, Hase und Fasan. Beim amtlichen Kommunique, nachher, spielten die Formulierungen »beim Entladen« und »aus Versehen« eine Rolle, doch wirkten sie für Kenner etwas abgestanden; man braucht nicht unbedingt Vertrauen zu solchen Kommuniques zu haben. Aus zwei Metern Entfernung bekam Monsieur Sebilleau die Schrotgarbe ins Kreuz. Der Franzose beendete sein Leben kurz darauf im Krankenhaus im nahe gelegenen Zrenjanin. Kondolenztelegramme, Beileidsbesuche, Flaggen auf halbmast, Rückberufung. Man hätte nicht Botschafter Otto sein mögen.

Wenn wahr wäre, was so oft behauptet wird, daß Diplomaten mit den Ohren sehen und die Luft, nicht das Licht, ihr Element sei, dann war damals nichts dagegen einzuwenden, daß Bundespräsident Scheel Diplomatenjagden mit der lapidaren Begründung einstellte, man müsse sparen. Zwar vermittelt das Auswärtige Amt Jagdliebhabern unter den Diplomaten Möglichkeiten zur Einzeljagd, aber von der traditionellen Diplomatenjagd als Gesellschaftsjagd ist der Bundespräsident abgekommen. Daran gehalten haben sich auch seine Nachfolger Carstens und von Weizsäcker (aus gleichen Gründen habe Scheel, sagte das Bundespräsidialamt, auch den alljährlichen Empfang im Berliner Schloß ausfallen lassen).

Notgedrungen schlossen wir uns der Weisheit und den Argumenten der Villa Hammerschmidt an, das Publikum zollte Beifall, Tierschutzpazifisten und Wildschutzprotestler zumal. Alle europäischen Staaten, auch die des Ostblocks, der UdSSR, der DDR, der Tschechoslowakei, Ungarns und Rumäniens, rufen ihre Diplomatischen Korps in den späten Herbst- oder frühen Wintertagen zu den Waffen, in Westdeutschland ist dagegen Fehlanzeige. Vielleicht hatte Bundespräsident Scheel die Diplomatenjagd im Sinn, die im ersten Jahr seiner Präsidentschaft im Vluynbusch am Niederrhein stattfand, 1974, als der Gesandte aus Wilhelm Tells Land dem Oberlandforstmeister Dr. Heitmüller beim Schuß auf ein Karnickel eine Schrotgarbe mit 3,5-Millimeter-Schrot sozusagen voll verpaßte. Der Diplomat traf den Forstbeamten, vierzig Schritte entfernt, der wegen des regnerischen Wetters einen Lodenmantel und darüber eine bayerische Kotze trug. Die Schrote drangen durch die Kleidung, und nur eine zwei Zentimeter dicke Schicht Bauchspeck hinderte sie daran, edlere Teile zu verletzen. Die vitalen Regungen des Oberlandforstmeisters waren nicht zu übersehen, er ging in die Knie; unsereins war der Nachbarschütze und also Zeuge aus erster Hand. 25 Schrote, dazu etliche Streifschüsse in Bauch, Oberschenkel und Knie, hielten die Ärzte über ein Jahr lang in Atem. Monatelang ging der Mann am Stock. Noch Jahre danach waren, um Komplikationen zu verhindern, die Schrote im Knie nicht beseitigt. Der Oberlandforstmeister verwahrte sich dagegen, das Anbleien durch den Diplomaten einer befreundeten Nation eine lustige Geschichte nennen zu lassen. Wenn später Dr. Heitmüller an den Tag zurückdachte, wurde er Ironiker und summte den Jägerchor aus Schuberts »Rosamunde«: »Wie lebt's sich so fröhlich im Grünen, im Grünen bei fröhlicher Jagd, tata!«

Mit Schrot angebleit wurde auf der Diplomatenjagd ein Förster von einem deutschen Botschafter, der früher Staatssekretär im Auswärtigen Amt war und der einen Fuchs beschoß. Ein Ministerialdirektor des Bundespräsidenten Heinemann mußte vor den Schroten eines fernöstlichen Botschafters im Vluynbusch volle Dekkung nehmen. Ein bedeutender Großverleger aus dem Badischen verpaßte einem Treiber ein Schrotkorn ins Bein, obwohl er als Jagdherr vor Beginn der Jagd selbst darauf hingewiesen hatte, beim Schuß vorsichtig zu sein. Ein Bundesminister, der im Geisterholz bei Oelde auf einen Mümmelmann anbackte, ihn dann aber nicht bekam, traf mit diesem Schuß einen Dolmetscher mit einem Schrotkorn im Gesicht, weshalb es später einen mehrjährigen Prozeß mit Schmerzensgeld gab, und mit vier Schrotkörnern desselben Schusses den Korrespondenten unseres lieben Hamburger Nachrichtenmagazins, Hagen Graf Lambsdorff, den Bruder des Vielgeprüften, aufs Gesäß, die freilich keinen Schaden anrichteten, weil der Mann eine nagelneue Lederhose trug. Auch das Magazin selbst geißelte die vier Schrotkörner nicht, da es sich normalerweise an Symptome hält und darüber die Folgen so kleiner Ereignisse vergißt. Bei Drückjagden auf Schalenwild bekam ein Gast ein Kugelgeschoß zwischen die Läufe. Er wurde später selbst Protokollchef und hieß Hans Werner Graf Finck von Finckenstein. Einem anderen Protokollchef, Hans Schwarzmann, sauste ein Geschoß unterhalb des Ohrs vorbei. Ein Bundestagsabgeordneter schließlich, 1977 Wirtschafts- und Finanzminister von Niedersachsen, wurde fast Opfer eines der beiden Kriminalbeamten, die ihn 1974 begleiten mußten – es war gewissermaßen eine Jagd auf höherem Niveau. Die beiden Beamten nämlich, als Förster verkleidet – mit Gamsbart am Hut, im Umgang mit ihren Karabinern nicht besonders erfahren –, hatten während eines Treibens auf Rotwild und Sauen einige Meter hinter dem Abgeordneten in einer Schneelandschaft im Hunsrück Posto gefaßt. Beim Hantieren mit der Waffe ging einem »Förster« ein Schuß los; das Geschoß schlug vier Meter vor ihrem Objekt, das sie zu schützen hatten, nämlich Leisler Kiep, in den Boden. Wiederum war unsereins der Nachbarschütze.

Es ist absurd, zu sagen, die Bundespräsidenten Heuss, Lübke und Heinemann, die Bundesaußenminister von Brentano, Schröder, Brandt und Scheel hätten nichts vom Waidwerk, vom Jagen, von der Diplomatie über Kimme und Korn verstanden. Heuss hat sich zum Beispiel in seinem Briefwechsel mit Frau Toni Stolper bemerkenswerte Gedanken über Diplomatenjagden gemacht. Man kann auch im nachhinein nicht erwarten, daß er für solche Sprüche, die durchaus erhaben klingen, von Jägern Applaus bekommt – in seinen »Tagebuchbriefen 1955 bis 1963« hat er (auf Seite 106) den Jäger solcherart als Delinquenten unter sein Fallbeil gelegt, Datum 2. 12. 1955, abends 20.45 Uhr: »Zur Jagd dies: Jägerei ist eine Nebenform von menschlicher Geisteskrankheit, von der ich nie befallen war. Aber: Sie *ist.*« Es ist klar, daß Waidmänner einem Staatsoberhaupt, das solcherart seine Jagdgedanken zu Papier bringt, keine Feierstunde bereiten. Adenauer bereicherte die deutsche Klassikersprache mit diesem Satz zum Berliner Senator Günter Klein: »Jäger sind faule Menschen.« Aber auch der Satz des Kölner Oberbürgermeisters Adenauer ist überliefert, den er regelmäßig bei allen Bewerbern tat: Schaut mal nach, ob der Mann Jäger ist; wenn ja, dann wird er nicht genommen; die sind nämlich von Donnerstagmittag bis Montagmorgen nicht im Büro.

Die Herren Bundespräsidenten, Bundeskanzler und Außenminister wußten alle, wie man geringe oder kapitale Böcke schießt. Diplomaten in freier Wildbahn, von denen manche zum erstenmal ein Gewehr führen, brennen vor Begier, über Kimme und Korn alle möglichen Probleme anzuvisieren. Aber in einem Vierteljahrhundert Bonner Diplomatenjagd ist noch keine Katastrophe mit tödlichem Ausgang passiert. Noch kein Schütze, wie 1976 bei Belgrad und anderwärts ebenfalls, wurde vom Nachbarschützen erlegt, noch mußte abends ein Treiber zur Strecke gelegt werden. Möglich, daß man an den alten Jägerspruch dachte: Wer einen Treiber erschießt, muß die Witwe heiraten.

Fürstliches

Erich Honecker, der Staatsratsvorsitzende der DDR, hatte zu einer Diplomatenjagd nach Thüringen eingeladen. Mit einem Sonderzug fuhr die 88köpfige Jagdgesellschaft – Diplomaten, Minister, Spitzenfunktionäre – von Berlin nach Erfurt, dort ging es mit Wagen in den Landkreis Apolda, in dem es viele Gemüsekulturen und etliches Dauergrünland gibt, ideale Voraussetzungen für Niederwild, vor allem für Hasen. Die Strecke des erlegten Wildes war danach. Nicht weniger, so sickerte durch, als über tausend Hasen und einige Füchse wurden am Abend verblasen. Die Tatsache, daß Honecker mit dem »Fürstengruß« der Jagdhornbläser begrüßt worden war, brachte keine ideologischen Schwierigkeiten, das war bei Kaiser Wilhelm, bei Heuss, Lübke und Heinemann nicht anders gewesen. Daß aber Jagdherr Honecker mit 34 erlegten Hasen auch noch Jagdkönig wurde, dies verrät eine schlechte Organisation. Denn Jagdkönig muß nach ungeschriebenen internationalen Regeln ein fremdländischer Diplomat sein, und das muß ein Protokollchef hinkriegen.

Als besondere Vorkommnisse wurden gemeldet: Schützen, die ohne Gewehr gekommen waren, erhielten eine Suhler Flinte mit zweihundert Schuß Munition, ein Jagdhund mußte irrtümlich das Leben lassen, und zwei Treiber wurden angebleit. Der damalige Vertreter der Bundesrepublik Deutschland, Staatssekretär Günter Gaus, erlegte vier Hasen.

Es ist keine Herabsetzung des Waidwerks, wenn man festhält, daß »das sozialistische Jagdwesen unserer Deutschen Demokratischen Republik ein Ausdruck der schöpferischen Anwendung des Marxismus-Leninismus durch die Partei der Arbeiterklasse ist«. Und »die Erziehung der Jäger zu sozialistischen Persönlichkeiten wird gemäß Beschluß des VIII. Parteitages zielgerecht durchgesetzt«. Wie reaktionär klingt es, wenn man vom Waidwerk sagt, von der »Adligen Lust« bis zur sozialistischen schöpferischen Anwendung seien es nur ein paar kleine Schritte?

Abgesehen davon, daß es in der Bundesrepublik Jagdstrecken von tausend Kreaturen nicht mehr gibt – selbst dann, wenn die Uhr um ein Vierteljahrhundert zurückspränge und wenn der Bundespräsident noch Heuss hieße und eine Waffe führte: Diese Monarchenattitüde, Jagdkönig werden zu müssen wie Herr Honecker, könnte es bei uns nicht geben – 34 Hasen würden dem Bundespräsidenten nicht vor die Flintenläufe getrieben werden.

Soviel ist wahr: Honecker jagt wie Kaiser Wilhelm in der Schorfheide auf den Rothirsch, den Keiler und den Bock, Ceauşescu tut es wie der letzte Alexander, Breschnew und Kossygin jagten wie die Romanows. Die höchsten Herren schießen überall die meisten Hasen und die kapitalsten Hirsche.

Hasenjagd bei Apolda

Der unter dem Titel »Fürstliches« in der FAZ am 18. Januar 1975 erschienene Bericht über die vom Staatsratsvorsitzenden der DDR in der Gegend von Apolda (Thüringen) veranstaltete Diplomatenjagd ruft die Erinnerung an eine frühere ebendort veranstaltete Staatsjagd wach. In der preußisch-nationaldeutschen Geschichtsschreibung der zweiten Hälfte des 19. Jahrhunderts ist dieses ältere Jagdvergnügen, das im Rahmen der Veranstaltungen der Erfurter Fürstenversammlung am 7. Oktober 1808 stattfand, unter der Bezeichnung »Hasenjagd auf dem Schlachtfelde von Jena« bekannt und fast berüchtigt geworden. Dem Kaiser Napoleon, auf dessen Wunsch sie stattfand, wurde der Vorwurf gemacht, er wollte damit, zwei Jahre nach der blutigen Schlacht bei Jena, bewußt die Würde Preußens verletzen, und ein Patriot wie Herzog Carl August von Sachsen-Weimar, der als Landesherr wohl oder übel die Jagd auszurichten hatte, entging nicht immer dem Tadel, das Nationalbewußtsein verletzt zu haben. Dagegen hat 1943 Staatsarchivdirektor Dr. Friedrich Facius vornehmlich anhand der Weimarer Akten schlüssig nachweisen können, daß die von der Historie etwas legendarisch aufgebauschte Jagd überhaupt nicht »auf dem Schlachtfelde von Jena«, sondern im herzoglichen Leibgehege unweit Apolda gehalten wurde – also ungefähr in der gleichen Gegend, in der jetzt die DDR-Staatsjagd die »am Hofe« Honeckers akkreditierten Diplomaten zusammenführte.

Die Bezeichnung »Fürstliches« paßt im wortwörtlichen Sinn natürlich besser auf jenes vielberufene waidmännische Schauspiel von 1808. Daran nahmen zwei

Kaiser (Napoleon und Zar Alexander I. von Rußland), mehrere Könige und kaum zu zählende deutsche und auch außerdeutsche Fürsten teil, fast die ganze hohe Vasallenschaft des französischen Kaisers. Die »Majestäten«, so heißt es in einem zeitgenössischen Bericht, erlegten 731 Hasen, womit wahrscheinlich die Gesamtstrecke und nicht nur die Jagdbeute der beiden Kaiser gemeint ist. Carl August, sonst ein leidenschaftlicher Jäger, scheint sich als Gastgeber ziemlich zurückgehalten zu haben. Goethe, ohnehin kein Freund der Jagd, nahm nicht teil. Wohl aber hatte er gewisse »protokollarische« Pflichten wahrzunehmen. Er wirkte ratgebend an der Errichtung und Beschriftung eines rasch erstellten Pavillons auf dem Schlachtfelde oberhalb von Jena (auf dem »Landgrafenberge«) mit, das Napoleon dem russischen Zaren zeigen wollte. Von da aus brach dann die fürstliche Jagdgesellschaft in das entfernt liegende, von der Schlacht unberührte Jagdrevier bei Apolda auf. Ob wohl einer der Teilnehmer an der jetzigen DDR-Staatsjagd sich des historischen Geschehens erinnert hat, das hier stattfand und früher soviel Staub aufwirbelte?

Anfangs, als der Außenminister Hans-Dietrich Genscher bei Besuchen von Ausländern englische oder französische Sprachversuche unternahm, sah es immer etwas nach Bauchtanz aus. Die Sprachversuche setzte er meist in körperliche Aktionen um. Er versuchte ein paar Brocken, schielte nach dem Dolmetscher, dann stotterte er und himmelte mit den Augen, als ob er gleich mit der CDU anbändeln wolle. 1979 nun, man sah es damals auf dem Fernsehschirm, ließ er sich mit Bundeskanzler Schmidt und Sadat, dem ägyptischen Staatspräsidenten, dann auch mit Vance, dem amerikanischen Außenminister, auf dem Sofa nieder und parlierte in englischer Sprache. Er hat die sprachliche Angstschwelle der frühen Jahre als Außenminister längst hinter sich, er richtet keinen Flurschaden mehr an, Chefdolmetscher Heinz Weber vom Auswärtigen Amt sagt es: Der Minister habe die Scheu überwunden, er laufe nicht mehr auf Grund. Er spricht eine Art Schulenglisch leidlich, wie das diese Luftwaffenhelfer in Flakstellungen gelernt haben. Englisch und französisch versteht er.

Dort, wo unsere Staatsoberen, mit Respekt zu sagen, schauspielern müssen, und zwar bei allen öffentlichen Auftritten, bei denen ausländische Gäste dabei sind, steht ein Mann, öfters eine Frau neben ihnen, näher noch als der Protokollchef: der Dolmetscher. Dolmetscher, die Interpreten von Hin- und Widerrede, könnten ausgezeichneten Stoff für das Schauspiel »Das große Welttheater« geben, denn, so sagen Hermann Kusterer, der Referatsleiter »Sprachendienst« im Auswärtigen Amt, und Chefdolmetscher Heinz Weber, beide Vortragende Legationsräte Erster Klasse und beide seit weit über dreißig Jahren in AA-Diensten: Staatsmänner unter vier Augen reden nicht immer güldene Worte.

Die Dolmetscher seien, sagt Weber, das zweitälteste Gewerbe der Welt. Siebzig Dolmetschern und Übersetzern, der sogenannten Septuaginta, wird die griechisch-alexandrinische Übersetzung des alten Testaments zugeschrieben. Fast so groß ist der Sprachendienst des Auswärtigen Amtes, nämlich: Er hat 65 Bedienstete, 38 davon im höheren Dienst.

Neben Referatsleiter Kusterer ist Weber Fachbereichsleiter »Dolmetscher«, Gerhard Seiler, ebenfalls Vortragender Legationsrat Erster Klasse, Fachbereichsleiter »Übersetzer«. Ferner gibt es im Referat noch die Fachbereiche »Terminologie« (die Kontrolle der Fachausdrücke für bestimmte Bereiche) und »Sprachausbildung«. Als Konferenzdolmetscher, also als Begleiterscheinungen bei den Auftritten der Staatsmänner, die immer auch auf den Fernsehschirmen agieren, figurieren mehr Damen als Herren. 25 Übersetzer übersetzen schriftlich Dokumente, Noten, Verträge, Reden vom Deutschen in die Fremdsprache und umgekehrt. Es gibt hier Dienste in englisch, französisch, russisch, chinesisch, japanisch, italienisch, spanisch, portugiesisch, polnisch, ungarisch, finnisch, skandinavisch, rumänisch, tschechisch, serbokroatisch, bulgarisch, griechisch, türkisch, niederländisch, arabisch, hebräisch, indonesisch-malaiisch.

Reden können selten wörtlich gedolmetscht werden. Oft werden sie nur in verdünnter Lösung interpretiert und vom »Blech« gereinigt. Freilich müsse man, sagt Chefdolmetscher Weber, dem Original gerecht werden, auch das Temperament des Redners müsse durchscheinen. Der Dolmetscher soll möglichst gelassen sein. Geziert oder »affig« dürfe er sich keinesfalls geben.

Als Gedankenstütze benutzt der Dolmetscher oft ein paar flüchtig hingeworfene Notizen, die keineswegs Stenogramm sind. Hieroglyphenartige Figuren und Männchen, Korrekturzeichen der Drucker und Setzer sowie mathematische Symbole stehen dann in einer Bildschrift auf den Notizzetteln. Die »Spaltung Deutschlands« wird durch einen Kreis mit einem Querstrich, »Deutschland als Ganzes« mit einem Kreis und einem »D« darinnen, das Wort »Frieden« durch eine Friedenstaube, das Wort »Krieg« durch ein Kreuz (»über Kreuz«) dargestellt. Ein Kreis mit zwei Ohren heißt »hören«, mit hochgezogenem Mund »Freude«, mit herabhängendem Mund »Bedauern«, mit zwei Stirnfalten »Sorge«. Aber es gibt keine Standardnotizenschrift und keine einheitlichen Symbole. Der Phantasie des einzelnen Dolmetschers sind keine Grenzen gesetzt.

Am besten konnte man Adenauer und de Gaulle übersetzen. Adenauer sprach ruhig, klar und simpel, ohne zu versimpeln; ihn konnte man »wortgetreu« übersetzen; Adenauer hatte aus seiner Gymnasialzeit nur einige Brocken Latein behalten. De Gaulle sprach einen sauberen Stil (Kusterer ist übrigens der Übersetzer jener »Memoiren der Hoffnung« des ehemaligen französischen Staatspräsidenten ins Deutsche). Schwer zu übersetzen waren Theodor Heuss und Ludwig Erhard; Heuss, weil er seine Rede in zuviel Schachtelsätze packte und zahlreiche Einschübe machte; Erhard, weil er zu »wolkig« redete. Heinrich Lübke zu verstehen, war oft schwierig; man wußte nicht, was er meinte;

manchmal meinte er das Gegenteil von dem, was er sagte. Heinemanns Reden waren gut zu dolmetschen. Sie waren klar und nüchtern. In Gesprächen allerdings war er wortkarg. Wenn er etwa knapp resümierte: »Ja, ja, so kommt eins zum anderen«, dann mußte der Dolmetscher versagen, und es blieb ihm nichts, als zu übersetzen: »Ja, ja, so ist der Lauf der Welt.« Der Dolmetscher versuchte immer, etwas »Fleisch« an Heinemanns karges Wort zu bringen.

Kiesingers Rede war schwierig, weil er in der Diktion anspruchsvoll war. Er unterbrach oft den Dolmetscher unwirsch: »Das habe ich nicht gesagt.« Trotz seiner Reibeisenstimme war Willy Brandt gut zu übersetzen. Dolmetscher Weber hält ihn für eine linguistische Begabung, er habe ein sprachmusikalisches Ohr und höre sich schnell in eine Sprache ein. Englisch und drei skandinavische Sprachen spreche er sehr gut; 1976 habe er sogar in Madrid eine kurze Rede in Spanisch gehalten. Brandt sei auch deswegen gut zu dolmetschen, weil er gemessen spreche. Altbundespräsident Scheel machte und macht von seinen guten englischen, vor allem aber französischen Sprachkenntnissen, die ihm die Schule mitgegeben hat, regen Gebrauch. Er kam mit den Dolmetschern am besten zu Rande, obwohl er nicht »leicht« war, weil er eine differenzierte Ausdrucksweise hat.

Von höchster Qualität im Englischen ist der ehemalige Bundeskanzler Schmidt; er spreche – so Weber – sehr sauber, klar, kohärent, und auch in freier Rede sei er druckreif; Schmidt sei stilbewußt und habe ein gutes Verhältnis zur Sprache. Ähnlich sei es mit dem ehemaligen Bundespräsidenten Carstens in Englisch und Französisch. Des Bundeskanzlers Helmut

Kohl Sprachschatz sei dagegen sehr dürftig, aber er verstehe leidlich Englisch und Französisch. Franz Josef Strauß wiederum sei in der Diktion anspruchsvoll; die Dolmetscher müssen jedoch wegen seines Tempos die Ohren spitzen; er kann so gut Lateinisch und Griechisch wie Englisch. Ein hoffnungsloser Fall für Dolmetscher war dagegen Herbert Wehner. Der jetzige Bundespräsident Richard von Weizsäcker jedoch habe eine hohe Sprachkultur; mühelos parliere er englisch und französisch; in beiden Sprachen sei er autonom, sagt Weber.

Zwischen Dolmetscher und »Kunden«, wie die Politiker genannt werden, gibt es eine Art stiller Komplizenschaft. Ohne gegenseitiges Vertrauen geht es nicht.

Ernst Mühlenhaupt war nicht nur Chefportier, sondern ein Stück deutscher Geschichte. Unmöglich, vom Auswärtigen Amt zu sprechen, ohne seinen Namen gleich mit aus der Schublade der Erinnerung zu holen. Vor mehr als einem Vierteljahrhundert, am 31. Dezember 1959, trat er in den Ruhestand, das heißt, er beendete seinen aktiven Dienst als Oberamtsgehilfe, nachdem er fast 43 Jahre lang in der Pförtnerloge des Auswärtigen Amtes gesessen hatte. In der Bonner Koblenzer Straße, der späteren Adenauerallee, Eingang Wörthstraße, am Haupteingang des Auswärtigen Amtes, hat er zuletzt in der gläsernen Loge gesessen, mit Telefon, Anmeldeblock und einigen sonstigen Portiergerätschaften. Mühlenhaupt hat mehr hochgebietende Herren und mehr dahinfließende deutsche Geschichte erlebt, als alle Vortragenden und Legationsräte Erster Klasse im Auswärtigen Amt zusammengenommen.

Das Ressort des Portiers ist kein geringes in der Staatsapparatur. Staatsportiers könnten wahrscheinlich die farbigsten Memoiren schreiben. Es steckt in ihnen etwas von den stillen Talenten, die Verschwiegenheit und Zuverlässigkeit und selbst Würde verlangen. Nach ihrer geistigen Struktur haben sie etwas von einem preußischen Unteroffizier, einen Anflug von Wichtigkeit und das Behagen der Leute, die wissen, daß Weltgeschichte in ihrer unmittelbaren Nähe gemacht wird, ohne daß sie dafür verantwortlich sind. Oberamtsgehilfe Mühlenhaupt war eine Autorität im Auswärtigen Amt, und seine Person hatte Anspruch auf Geltung.

Bis zur Pensionierung »berlinerte« er flott dahin. »Wat weeß ick, wat noch allet kommt!« Allein in der

Berliner Wilhelmstraße 74–76 hat er mehr als ein Dutzend deutsche Außenminister kommen und gehen sehen. Im Kaiserreich, in der Weimarer Republik und im Dritten Reich trug er goldene Knöpfe an seiner Uniform, die Bundesrepublik brachte es nur zu silbernen Knöpfen. Der Luftzug der Geschichte, der an seiner Pförtnerloge vorbeizog, war selten erfrischend. Er hat sie alle gekannt; ganze Geschlechter von Diplomaten gingen an ihm vorüber, alle zogen vor ihm den Hut; »Mojn, Mojn«, sagten die einen, »Morgen, Herr Mühlenhaupt« die anderen. Auch die Herren mit der uniformierten Garderobe kamen, die einen anderen Gruß einführten.

1918 erlebte er kurz den Außenminister Solf, den früheren Gouverneur von Samoa und Staatssekretär im Reichskolonialamt und späteren Botschafter in Tokio. Ihm folgten kurz darauf der Graf Brockdorff-Rantzau, der Leiter der Friedensdelegation in Versailles, die beiden Sozialdemokraten Hermann Müller-Franken und Dr. Adolf Köster, schließlich Dr. Walter Simons. Dr. Joseph Wirth führte neben dem Reichskanzleramt auch das Außenministerium. Der Verschleiß an Außenministern war groß, und die Politiker taten so, als hätten wir damals genug davon gehabt. 1921 saß Dr. Rosen, 1922 Dr. Walter Rathenau und nach dessen Ermordung der bisherige Gesandte in Stockholm, von Rosenberg, im Ministerzimmer in der Wilhelmstraße. Rathenau war der einzige, der nicht die Außenministerwohnung im Auswärtigen Amt bezog, sondern in seiner Privatvilla im Grunewald blieb. 1923 kam Stresemann, ruhig, unauffällig, jeden Morgen von seinem Mops-Hund bis zum Amt begleitet. 1929 folgte Curtius, 1932 ging kurz Brüning in das Haus in der Berliner Wilhelmstraße und dann bis 1938 Konstantin von Neurath, den Ribbentrop ablöste, der der großen Nummer des begonnenen Trauerspiels die außenpolitische Folie gab. Die »ruhigsten, feinsten und hochanständigsten« Herren, sagt Oberamtsgehilfe Mühlenhaupt, waren die Herren Rosen, Köster, Stresemann und Neurath.

1918 wurde Portier Mühlenhaupt kurz von den revolutionierenden Matrosen festgesetzt. Die Brigade Erhard und Kapp-Putsch-Soldaten besetzten das Amt und seine Pförtnerloge. Aber die konservierende Kraft der Zeitläufe ließ ihn alles, alles überstehen. Er sah Tausende fremder Diplomaten. Er sah den Nuntius Pacelli, den späteren Papst, der sich mit dem Amtsgehilfen Mühlenhaupt unterhielt, und die Nuntien Orsenigo und Muench. Er sah Tschitscherin, Molotow und Mikojan. Er sah noch die jungen Attachés in Cut und Zylinder zum Antrittsbesuch ins Amt kommen, darunter Ernst von Weizsäcker, den Vater des späteren Bundespräsidenten. Er erlebte Aman Ullah von Afghanistan und den König Fuad von Ägypten, der mit Hindenburg in der Loge der Staatsoper saß und sich den »Rosenkavalier« mit Richard Strauss am Pult ansah. Und als Stresemann beerdigt wurde, ging Reichspräsident von Hindenburg zu Fuß zum Trauerhaus in die Ministerwohnung. Mühlenhaupt kann sich noch der Zeit der wirklichen und geheimen Räte und der Monokelträger erinnern.

Sein Stück Dokumentarfilm rollt an seinem Auge vorbei. Er sah Rosa Luxemburg und Karl Liebknecht und die Volksbeauftragten Ebert, Scheidemann, Haase und Barth. Reichspräsident Ebert und Frau Ebert, die zunächst die Dienstwohnung in der Wilhelmstraße 74 hatten, kannte er samt allen Kindern sehr gut. Ebert war der einzige der »Oberen«, der nach jedem Empfang eine Flasche Wein und »kaltes Büfett« in die Pförtnerloge schickte. Die Großkopfeten der Politik – darunter der preußische Staatsratspräsident Adenauer –, der Diplomatie, der Industrie und der Künste sah er auf ungezählten Empfängen, Garten- und Wohltätigkeitsfesten. Die Wasser der Spree flossen unentwegt durch Berlin und durch die Jahre. Mühlenhaupt schaute ihnen zu. Eines schönen, häßlichen Tages krachte die Wilhelmstraße zusammen, und die Russen waren da. Von 1945 bis 1950 blieb Mühlenhaupt in Berlin, dann holten sie ihn nach Bonn, wieder als Pförtner im Auswärtigen Amt. Aber die Chiffre »Berlin« ist an ihm haftengeblieben, niemand konnte es überhören.

Ein halbes Dutzend ausländische Orden und Medaillen hat man ihm verliehen, 1957, als er vierzig Jahre im Dienst war, auch das Bundesverdienstkreuz. Zwei von bisher achtzehn erlebten Außenministern haben Mühlenhaupt die Hand gedrückt: Neurath und Adenauer – Adenauer, als er 1950 ins Museum König, die provisorische Außenministerbleibe, einzog. Nahezu vierzig Jahre Portierloge, vierzig Jahre Augenzeuge der Geschichte, von Solf bis zu Genscher, der ihm zum neunzigsten Geburtstag 1984 mit Handschreiben gratulierte – war das denn nichts? Als er 1959 seine Loge verließ, mußte er ein paarmal schlucken. In mehr als vier Jahrzehnten hatte er nur drei Tage krank gefeiert, obwohl er seit dem Ersten Weltkrieg achtzig Prozent unfallbeschädigt ist. Er kannte die Journalisten, die nach Meinung der Exzellenzen Achtgroschenjungen waren; er, Ernst Mühlenhaupt, nahm Helmut von Gerlach, Theodorf Wolff und Georg Bernhardt aus; nur diesen

Spion Dr. Sorge, den falschen Fuffziger, den er kannte, nahm er nicht aus. Er dachte an seine Orden aus Österreich, Italien, Griechenland und Spanien und an den Spruch: Früher war Deutschland jroß un det Auswärtige Amt kleen, heute is det umjekehrt. Hmhm, brummte er, und die Jugend von heute, nee, nee! Und da hätte er wirklich beinahe, wirklich nur beinahe, eine Zähre zerdrückt. Und dann kommt jemand in die Bonner Richard-Wagner-Straße 32 – Frau und Tochter sind längst tot – und bringt Essen auf Rädern. Es ist im Jahre 1987.

Von Scheel zu Carstens, von Carstens zu Weizsäcker

Walter Scheels Zapfenstreich war ein Huldigungsmarsch auf seinen Satz: »Es war eine schöne, glückliche Zeit.« Sozialdemokrat Hans Apel, der Verteidigungsminister, stand neben ihm. Scheel explizierte noch einmal: »Es war eine schöne Zeit, als wir zwei in einem Kabinett saßen«, und er wunderte sich erneut, wie einfühlsam es war, als er spätabends, als Bundeskanzler Schmidt das alte Kabinett für ihn zum Abendessen in die Godesberger Redoute gebeten hatte, nun als Bundespräsident a. D. seinem neuen Domizil Köln entgegenstrebte.

Marianne Antwerpen zitierte im »General-Anzeiger« jenen Gast beim Brühler Empfang, der es wohl wissen konnte: »So ist das – der König ist tot, es lebe der König; dieselben, die sich bei Scheel immer lieb Kind gemacht haben, sind jetzt auch bei Carstens die ersten, die ihm mit dem liebenswürdigsten Lächeln die Hand drücken. Man hängt sein Mäntelchen immer nach dem Winde.« Ach ja, dachte die Redakteurin. Eine russische Lebensweisheit (Zitat M. Antwerpen) vom scheidenden Walter Scheel: »Glücklich ist, wer die Welt verläßt, bevor sie auf ihn verzichtet.«

Er, Karl Carstens, wollte dereinst Bestand vor der Geschichte haben – wer von den Vorgängern und Nachfolgern im Amt wollte es nicht? Fürchtete er nicht – so hinterließ sein Staatssekretär Neusel –, daß er womöglich als Wanderpräsident seine politische Karriere beenden würde? Carstens, vom Phänotypus eher ein Gerichtspräsident denn der Alte Fritz mit Krückstock, war darum zu tun, sich das Wohlwollen der Bürger zu erhalten, und er hatte es ja auch weitgehend. Aber als er beim Großen Zapfenstreich die Front des Wachbataillons zu des Großen Kurfürsten Reitermarsch und des amerikanischen Marinemarschs »Anchors Away« abschritt, merkte man kaum etwas davon, daß er selber einmal Offizier gewesen war. Gegenüber dem Kanzler Kohl, dem seine Körperlänge auch immer Probleme schafft, hat er freilich den Vorzug, beide Arme beim Schreiten zu bewegen, wenn es auch sehr »staksig« (Express) wirkt. Kohl schleppt den steifen rechten Arm unbeweglich hinterher. Putzig sieht es aus.

Da war doch Richard von Weizsäcker, Carstens Nachfolger, souveräner beim Abschreiten dieser Front. Gewiß doch, Weizsäcker hatte den Subalternoffizier hinter sich gelassen. Oder andersherum: Er war ja bereits Hauptmann gewesen. Als er 1984 sein Amt in der Villa Hammerschmidt antrat und er sage und schreibe von Bundestagspräsident Barzel und Bundesratspräsident Strauß gemeinsam vereidigt wurde, zitierte er doch tatsächlich seinen Vorgänger Gustav W. Heinemann: »Wir sind nicht die einzigen auf der Welt, die ein schwieriges Vaterland haben.« Und: »So schön Teneriffa und so wichtig das Silicon Valley für uns auch sein mögen – der Neuaufbau der Semperoper in Dresden und das Leben der christlichen Gemeinden in der DDR sind Dinge, die auch uns zutiefst berühren.«

Es war ein guter Tag und ein sehr guter Anfang bei Richard von Weizsäcker. Die Rede ging reißend ab. Es mußten bald viele Auflagen gedruckt werden.

Anhang

Besuche von Staatsoberhäuptern

Staatsbesuche

8.11.–14.11.1954	Äthiopien	Kaiser Haile Selassie
23. 2.– 5. 3.1955	Iran	Schah Moh. Reza Pahlevi
18. 6.–26. 6.1956	Indonesien	Dr. Achmed Sukarno
16. 9.–23. 9.1956	Griechenland	König Paul
8.10.–14.10.1956	Liberia	Dr. William Tubman
6.12.– 9.12.1956	Italien	Giovanni Gronchi
7. 5.–15. 5.1958	Türkei	Celâl Bayar
16.11.–19.11.1959	Guinea	Sékou Touré
3. 3.– 6. 3.1960	Peru	Dr. Manuel Prado
27. 6.– 1. 7.1960	Argentinien	Dr. Arturo Frondizi
25. 7.– 2. 8.1960	Thailand	König Bhumiphol
16. 1.–23. 1.1961	Pakistan	Feldmarschall Moh. Ayub Khan
15. 5.–24. 5.1961	Togo	Sylvanus Olympio
8.11.–11.11.1961	Senegal	Léopold Sédar Senghor
11. 4.–19. 4.1962	Sudan	General Ibrahim Abboud
21. 5.–27. 5.1962	Zypern	Erzbischof Makarios
6. 6.–14. 6.1962	Mali	Modibo Keita
27. 8.– 4. 9.1962	Madagaskar	Philibert Tsiranana
4. 9.– 9. 9.1962	Frankreich	General Charles de Gaulle
5. 4.– 7. 4.1963	Mexiko	Lopez Mateos
29. 4.– 4. 5.1963	Kamerun	Ahmadou Ahidjo
23. 6.–26. 6.1963	USA	John F. Kennedy
31. 7.– 3. 8.1963	Italien	Antonio Segni
6. 8.–14. 8.1963	Afghanistan	König Moh. Zahir Schah
21. 5.–28. 5.1964	Nepal	König Mahendra
23. 6.–26. 6.1964	Österreich	Dr. Adolf Schärf
25.11.– 3.12.1964	Jordanien	König Hussein II.
7.12.–14.12.1964	Korea	Park Chung Hee
6. 4.–15. 4.1965	Somalia	Aden Abdulla Osman
18. 5.–28. 5.1965	Großbritannien	Königin Elizabeth II.
6. 7.–10. 7.1965	Italien	Giuseppe Saragat
19. 7.–22. 7.1965	Chile	Eduardo Frei
29.11.– 2.12.1965	Marokko	König Hassan II.
18. 7.–22. 7.1966	Tunesien	Habib Bourgiba
11. 4.–18. 4.1967	Tschad	François Tombalbaye
27. 5.– 4. 6.1967	Iran	Schah Moh. Reza Pahlevi
5. 7.–12. 7.1967	Elfenbeinküste	Félix Houphouet-Boigny

4. 4.–10. 4.1968	Niger	Diori Hamani
17.10.–20.10.1968	Birma	General Ne Win
17. 3.–26. 3.1969	Kongo (Kinshasa)	Joseph Désiré Mobutu
14. 4.–19. 4.1969	Malaysia	Tuanku Ismail Nasiruddin
27. 4.– 6. 5.1970	Sambia	Dr. Kenneth Kaunda
4. 9.– 6. 9.1970	Indonesien	General Suharto
19.10.–24.10.1970	Türkei	Cevdet Sunay
27. 4.–30. 4.1971	Belgien	König Baudouin
11.10.–13.10.1971	Japan	Kaiser Hirohito
26.10.–29.10.1971	Niederlande	Königin Juliane
8. 5.–10. 5.1972	Schweden	König Gustav VI. Adolf
7. 5.–11. 5.1973	Österreich	Franz Jonas
19. 5.–22. 5.1973	UdSSR	Leonid I. Breschnew
4. 6.– 8. 6.1973	Norwegen	König Olaf V.
25. 6.–28. 6.1973	Rumänien	Nicolae Ceauşescu
20. 7.–23. 7.1973	Paraguay	General Alfredo Stroessner
6. 2.– 8. 2.1974	Mexiko	Luis Echeverria Alvarez
18. 6.–21. 6.1974	Dänemark	Königin Margarethe II.
24. 6.–27. 6.1974	Jugoslawien	Josip Broz Tito
24.11.–28.11.1975	Bulgarien	Todor Schivkov
29. 3.– 3. 4.1976	Ägypten	Anwar El Sadat
3. 5.– 6. 5.1976	Tansania	Julius K. Nyerere
6. 2.–11. 2.1977	Irland	Dr. Patrick Hillary
28. 2.– 4. 3.1977	Luxemburg	Großherzog Jean
13. 3.–18. 3.1977	Ruanda	Juvenal Habyarimana
19. 4.–23. 4.1977	Spanien	König Juan Carlos I.
2. 5.– 8. 5.1977	Senegal	Léopold Sédar Senghor
12.12.–15.12.1977	Portugal	General Antonio Eanes
21. 1.–27. 1.1978	Gabun	Albert B. Bongo
1. 2.– 3. 2.1978	Zaire	Mobutu Sese Seko
5. 3.–10. 3.1978	Brasilien	Ernesto Geisel
10. 4.–13. 4.1978	CSSR	Dr. Gustav Husak
4. 5.– 7. 5.1978	UdSSR	Leonid I. Breschnew
22. 5.–26. 5.1978	Großbritannien	Königin Elizabeth II.
13. 7.–15. 7.1978	USA	Jimmy Carter
11. 9.–15. 9.1978	Syrien	Hafez Al Assad
1.10.– 7.10.1978	Sudan	Gaafar Moh. Nimeiri
5.11.–11.11.1978	Jordanien	König Hussein II.
28. 1.– 3. 2.1979	Liberia	Dr. William Tolbert
20. 3.–27. 3.1979	Schweden	König Carl XVI. Gustav
7. 5.–11. 5.1979	Finnland	Dr. Urho Kekkonen
18. 9.–22. 9.1979	Italien	Sandro Pertini
18.11.–27.11.1979	Tonga	König Tupou IV.
10. 2.–15. 2.1980	Kenia	Daniel Arap Moi

19. 5.–22. 5.1980	Mexiko	Lopez Portillo
16. 6.–19. 6.1980	Saudi-Arabien	König Khalid
7. 7.–11. 7.1980	Frankreich	Valéry Giscard d'Estaing
15.11.–19.11.1980	Vatikan	Papst Johannes Paul II.
4. 5.– 8. 5.1981	Bangladesch	Ziaur Rahman
2.11.– 6.11.1981	Malawi	Dr. Kamuzu Banda
22.11.–25.11.1981	UdSSR	Leonid I. Breschnew
30.11.– 4.12.1981	Guinea	Sékou Touré
1. 3.– 3. 3.1982	Niederlande	Königin Beatrix
17. 3.–20. 3.1982	Nigeria	Shehu Shagari
6. 9.– 9. 9.1982	Österreich	Dr. Rudolf Kirchschläger
9. 5.–14. 5.1983	Kanada	Generalgouverneur Schreyer
11. 9.–16. 9.1983	Sambia	Dr. Kenneth Kaunda
14. 5.–18. 5.1984	Irland	Dr. Patrick Hillery
15.10.–17.10.1984	Rumänien	Nicolae Ceauşescu
1. 5.– 2. 5. und 5. 5.– 6. 5.1985	USA	Ronald Reagan
18. 6.–20. 6.1985	Mexiko	Miguel de la Madrid
1. 9.– 5. 9.1985	Niger	Seyui Kountché
15. 9.–18. 9.1985	Argentinien	Raul Alfonsin
24. 2.–28. 2.1986	Spanien	König Juan Carlos I.
21. 4.–25. 4.1986	Italien	Francesco Cossiga
1. 9.– 4. 9.1986	Kamerun	Paul Biya
20.10.–25.10.1986	Nepal	König Birendra Bir Birkram
6. 4.–10. 4.1987	Israel	Chaim Herzog

Arbeitsbesuche

26.11.1958	Frankreich	General Charles de Gaulle
26. 8.–27. 8.1959	USA	Dwight D. Eisenhower
18. 8.1960	Island	Asgeir Asgeirsson
20. 5.1961	Frankreich	General Charles de Gaulle
4. 7.– 5. 7.1963	Frankreich	General Charles de Gaulle
11. 6.–12. 6.1965	Frankreich (Gipfelkonf.)	General Charles de Gaulle
21. 7.1966	Frankreich (Gipfelkonf.)	General Charles de Gaulle
12. 7.–13. 7.1967	Frankreich (Gipfelkonf.)	General Charles de Gaulle
27. 9.–28. 9.1968	Frankreich (Gipfelkonf.)	General Charles de Gaulle
26. 2.–27. 2.1969	USA	Richard M. Nixon

8. 9.– 9. 9.1969	Frankreich (Gipfelkonf.)	Georges Pompidou
3. 7.– 4. 7.1970	Frankreich (Gipfelkonf.)	Georges Pompidou
15.10.–16.10.1970	Sambia	Dr. Kenneth Kaunda
2.11.– 7.11.1970	Gabun	Albert B. Bongo
4. 7.– 5. 7.1971	Frankreich (Gipfelkonf.)	Georges Pompidou
3. 7.– 4. 7.1972	Frankreich (Gipfelkonf.)	Georges Pompidou
21. 6.–22. 6.1973	Frankreich (Gipfelkonf.)	Georges Pompidou
8. 7.– 9. 7.1974	Frankreich (Gipfelkonf.)	Valéry Giscard d'Estaing
25. 7.–26. 7.1975	Frankreich (Gipfelkonf.)	Valéry Giscard d'Estaing
26. 7.–28. 7.1975	USA	Gerald Ford
5. 7.– 6. 7.1976	Frankreich (Gipfelkonf. in Hamburg)	Valéry Giscard d'Estaing
31. 3.– 2. 4.1977	Ägypten	Anwar El Sadat
23. 6.1978	Frankreich	Valéry Giscard d'Estaing
29. 7.–30. 7.1980	Jordanien	König Hussein II.
9.10.1980	Pakistan	General Zia-ul-haq
12. 2.–14. 2.1981	Zypern	Spyros Kyprianou
1. 5.– 3. 5.1981	Portugal	General Antonio Eanes
17. 5.–19. 5.1981	Brasilien	General Joao Figueiredo
25. 5.–27. 5.1981	Ghana	Dr. Hilla Limann
1. 7.– 4. 7.1981	Senegal	Abdou Diouf
7. 2.– 8. 2.1982	Ägypten	Hosni Mubarak
8. 2.–10. 2.1982	Togo	General Eyadéma
25. 3.–27. 3.1982	Somalia	Moh. Siad Barre
23. 4.–24. 4.1982	Italien	Sandro Pertini
14. 5.–15. 5.1982	Frankreich	François Mitterrand
19. 5.–21. 5.1982	Spanien	König Juan Carlos I.
9. 6.–11. 6.1982	USA	Ronald Reagan
7. 7.1982	Dschibuti	Hassan Gouled Aptidon
29.11.– 1.12.1982	Griechenland	Konstantin Karamanlis
13.12.–15.12.1982	Ägypten	Hosni Mubarak
20. 1.1983	Frankreich	François Mitterrand
16. 3.–17. 3.1983	Jordanien	König Hussein II.
21. 9.–28. 9.1983	Burundi	Jean-Baptiste Bogaza
13.10.–14.10.1983	Zaire	Mobutu Sese Seko
25.10.–27.10.1983	Costa Rica	Vizepräsident Alberto Fait

24.11.–29.11.1983	Island	Vigdis Finnbadadóttir
2. 2.1984	Frankreich	François Mitterrand
20. 2.–23. 2.1984	Mali	Moussa Traoré
22. 3.–24. 3.1984	Zypern	Spyros Kyprianou
26. 3.– 3. 4.1984	Ruanda	Juvenal Habyarimana
20. 5.1984	Frankreich	François Mitterrand
4. 6.– 6. 6.1984	Costa Rica	Luis Alberto Monge
16. 7.–19. 7.1984	El Salvador	Dr. José Napoléon Duarte
26. 9.–27. 9.1984	Zaire	Mobutu Sese Seko
24.10.–26.10.1984	Gabun	Albert B. Bongo
30.10.– 2.11.1984	Ägypten	Hosni Mubarak
10. 2.–11. 2.1985	Tonga	König Tupou IV.
21. 5.–23. 5.1985	Tansania	Dr. Julius K. Nyerere
28. 5.1985	Frankreich (in Konstanz)	François Mitterrand
6. 9.– 8. 9.1985	Libanon	Amin Gemayel
10.10.1985	Togo	General Eyadéma
7.11.– 8.11.1985	Frankreich	François Mitterrand
14.11.–16.11.1985	Botsuana	Dr. Quett Masire
30. 1.–31. 1.1986	Ägypten	Hosni Mubarak
17. 3.–21. 3.1986	Senegal	Abdou Diouf
10. 4.–12. 4.1986	Korea	Chun Doo Hwan
8.10.–10.10.1986	Benin	Achmed Kérékou
11.10.–15.10.1986	Guatemala	Vinicio Cerezo Arevalo
19.10.–21.10.1986	Italien	Francesco Cossiga
13.12.1986	Ägypten	Hosni Mubarak
13. 2.1987	EG-Kommission	Präsident Jacques Delors
30. 4.– 4. 5.1987	Vatikan (Pastoralbesuch)	Papst Johannes Paul II.

Inoffizielle Besuche

15. 1.–17. 1.1956	Brasilien	Gewählter Präsident Dr. Juscelino Kubitschek de Oliveira
29.10.–30.10.1956	Costa Rica	José Figueres Ferrer
26. 2.1962	Kongo (Brazzaville)	Fulbert Joulou
14. 6.–21. 6.1962	Elfenbeinküste	Félix Houphouet-Boigny
10. 2.–12. 2.1963	Dominikanische Republik	Gewählter Präsident Juan Bosch Gavino
28. 5.–29. 5.1963	Liechtenstein	Fürst Franz Joseph II.
26. 8.–10. 9.1963	Mauretanien	Mochtar Uld Daddah

7.10.–17.10.1963	Burundi	König Murambutsa IV.
24. 3.–27. 3.1964	Guinea	Sékou Touré
13. 8.–19. 8.1964	Madagaskar	Philibert Tsiranana
17. 8.–19. 8.1964	Jemen	Abdullah as-Sallal
29. 8.1964	Obervolta	Maurice Yaméogo
28.10.– 2.11.1964	Obervolta	Maurice Yaméogo
8.11.–16.11.1964	Togo	Nicolas Grunitzky
6. 3.–17. 3.1965	Niger	Diori Hamani
8. 6.–29. 6.1965	Togo	Nicolas Grunitzky
13. 6.–21. 6.1965	Zentralafrikanische Republik	David Dacko
14.11.–22.11.1965	Ruanda	Grégoire Kayibanda
28.11.– 3.12.1965	Niger	Diori Hamani
18.12.–19.12.1965	Pakistan	Feldmarschall Moh. Ayub Khan
22. 8.–28. 8.1966	Thailand	König Bhumiphol
8. 9.–10. 9.1966	Liberia	Dr. William Tubman
26.10.1966	Äthiopien	Kaiser Haile Selassie
18.12.–22.12.1966	Brasilien	Gewählter Präsident Marschall de Costa e Silva
28. 4.– 2. 5.1967	Nepal	König Mahendra
6. 5.1967	Äthiopien	Kaiser Haile Selassie
26. 9.– 3.10.1967	Mauretanien	Mochtar Uld Daddah
29.10.–31.10.1967	Jordanien	König Hussein II.
7. 5.– 9. 5.1968	Togo	General Eyadéma
5. 6.– 8. 6.1968	Malawi	Dr. Kamuzu Banda
13. 6.–15. 6.1968	Kongo (Brazzaville)	Alphonse Massamba-Debat
16. 7.–19. 7.1968	Obervolta	General Sangoulé Lamizana
5. 9.– 9. 9.1968	Panama	Gewählter Präsident Dr. Arnulfo Arias
18. 9.1968	Niger	Diori Hamani
21. 9.–24. 9.1968	Senegal	Léopold Sédar Senghor
25.11.–29.11.1968	Gabun	Albert B. Bongo
24. 2.– 1. 3.1969	Dahome (jetzt Benin)	Dr. Emile Zinsou
27. 5.– 7. 6.1970	Liberia	Dr. William Tubman
16.12.–19.12.1970	Jordanien	König Hussein II.
23. 5.– 1. 6.1971	Togo	General Eyadéma
28. 6.– 3. 7.1971	Dahome (jetzt Benin)	Hubert Maga
23. 7.–26. 7.1971	Panama	Demetrio B. Lakas
23.10.–31.10.1971	Senegal	Léopold Sédar Senghor

7.12.–11.12.1972	Uganda	Idi Amin Dada
10. 4.1973	Vietnam	General H. Nguyen Van Thieu
7. 8.–11. 8.1973	Zentral-afrikanische Republik	General Jean-Bedel Bokassa
11. 9.–14. 9.1973	Äthiopien	Kaiser Haile Selassie
17.10.–20.10.1973	Senegal	Léopold Sédar Senghor
31. 1.– 1. 2.1974	Kongo (Kinshasa)	Mobutu Sese Seko
7. 6.1974	Togo	General Eyadéma
25. 5.1976	Liberia	Dr. William R. Tolbert
17. 9.–22. 9.1976	Westsamoa	König Malietoa Tanumafili II.
8.11.– 9.11.1976	Malteser Ritterorden	Fra Angelo de Mojana di Cologna
26. 1.–27. 1.1977	Zaire	Mobutu Sese Seko
3. 6.– 6. 6.1977	Sambia	Dr. Kenneth Kaunda
15. 9.–19. 9.1977	Togo	General Eyadéma
9. 2.1978	Ägypten	Anwar El Sadat
13. 6.–14. 6.1978	Dänemark	Königin Margarethe II.
15. 6.1978	Luxemburg	Großherzog Jean
18. 6.–20. 6.1978	Somalia	General Moh. Siad Barre
29. 8.1979	Zaire	Mobutu Sese Seko
16. 3.1980	Frankreich	Valéry Giscard d'Estaing
10. 5.–13. 5.1980	Ruanda	Juvenal Habyarimana
18.11.–19.11.1980	Äquatorial-Guinea	Ibing Nguema Mbasogo
1. 8.–10. 8.1981	Dschibuti	Hassan Gouled Aptidon
5. 8.–10. 8.1981	Papua–Neuguinea	Sir Tore Lokoloko
9. 7.1982	Belgien	König Baudouin
3. 8.1982	Schweden	König Carl XVI. Gustav
14. 9.–15. 9.1982	Jemen	Ali Abdullah Saleh
30. 6.1983	Liberia	Dr. Samuel K. Doe
1. 9.1983	Vereinigte Arabische Emirate	Scheich Zayed bin Sultan al Nahayan
19. 9.1983	Tunesien	Habib Bourgiba
23. 9.1983	Nigeria	Shehu Shagari
12.10.–13.10.1983	Ruanda	Juvenal Habyarimana
20. 1.–26. 1.1984	Jemen	Ali Abdullah Saleh
30. 5.–31. 5.1984	Sapnien	König Juan Carlos I.
16. 8.–19. 8.1984	Liberia	Dr. Samuel K. Doe
28.11.–29.11.1984	Schweden	König Carl XVI. Gustav

12.10.1985	Vereinigte Arabische Emirate	Scheich Zayed bin Sultan al Nahayan
26. 1.–29. 1.1986	Israel	Shimon Peres
14. 4.–17. 4.1986	Portugal	Anibal Caraco Silva
17. 4.1986	Frankreich	Jacques Chirac
21. 5.–22. 5.1986	Belgien	Wilfried Martens
2. 6.1986	Neuseeland	David Lange
25. 6.1986	Grönland	J. Motzfeldt
13. 7.–15. 7.1986	Pakistan	Moh. Khan Junejo

Personenregister